Jasna Zajček

Ramadan Blues

W0233905

Jasna Zajček

Ramadan Blues

Wie sich eine Berlinerin, ein Leipziger und ein Jordanier
aufmachten, den Nahen Osten kennenzulernen

HERDER

FREIBURG · BASEL · WIEN

Originalausgabe

© Verlag Herder GmbH, Freiburg im Breisgau 2007
Alle Rechte vorbehalten
www.herder.de

Umschlaggestaltung und -konzeption:
R · M · E München/Roland Eschlbeck, Liana Tuchel
Satz: fgb · freiburger graphische betriebe
www.fgb.de
Herstellung: CPI Moravia Books, Ponorelice 2007

Gedruckt auf umweltfreundlichem, chlorfrei gebleichtem Papier
Printed in Czech Republic

ISBN 978-3-451-03010-9

Inhalt

Vorwort

Im Jahr 2000 hatte ich als Chefin vom Dienst beim Internet-Nachrichtenmagazin Thema 1 die tagesaktuellen News zu verantworten. Es war meine Aufgabe, Kollegen für das Schreiben über die Ereignisse in Israel und Palästina einzuteilen, zum Verfassen von Nachrichten über ewig wiederkehrende Terroranschläge und Kriegshandlungen. Doch in meiner vielköpfigen Redaktion war es nicht einfach, nahezu täglich jemanden zu finden, der immer wieder nach vorgegebenem Schema über Anschlagsort, Zahl der Toten und die komplizierten Namen der Opfer und Täter schreiben wollte. Pflichtaufgaben erledigen, generell aber die Augen vor dem Geschehen im Nahen Osten verschließen – das schien die Strategie, die meine Mitarbeiter verfolgten.

Es ärgerte mich, dass ich mich selbst häufig nicht anders verhielt, deshalb beschloss ich, dem Konflikt für mich ein Gesicht zu geben und auch meinen persönlichen Horizont zu erweitern: Sobald es mir möglich war, wollte ich nach Israel und Palästina reisen. Es war mir ein Bedürfnis, eher vielleicht noch eine gespürte Verpflichtung als Journalistin auf der Suche nach Objektivität und Wahrheit. Ich hatte das Gefühl, mit eigenen Augen sehen, persönlich mit den Akteuren und den Leidtragenden sprechen zu müssen, um den Kampf dieser Religionen und Kulturen, die sich doch in vielem so ähnlich sind, und die Konflikte besser – oder überhaupt erst – zu verstehen.

Doch zuvor – war es Nasib (Schicksal) oder Al-Qudar (göttliche Vorherbestimmung)? – sollte noch Sharif, ein junger deutscher Fotograf jordanischer Herkunft, in mein Leben treten. Nach einem Interview lernte ich den Kollegen kennen.

Beeindruckte mich anfangs vor allem sein exotisches, verwegenes Aussehen, so faszinierte mich bald mehr noch seine Denkweise, die aus einer anderen Welt zu stammen schien. Innerhalb kurzer Zeit entwickelte sich eine gute Zusammenarbeit und eine diskussionsintensive Freundschaft. Plötzlich hatte ich einen Ansprechpartner, der seither bereitwillig versucht, mir meine Fragen zum Lebenssystem Islam zu beantworten. Sharif ist praktizierender Muslim und versucht, sein Leben so islamisch zu leben, wie es in Deutschland möglich ist.

Fand ich es anfangs noch befremdlich, dass er fünfmal am Tag seine Gebete verrichtet und dafür oft berufliche und private Verpflichtungen verschiebt, begann ich später, ihn für seine Disziplin zu bewundern. Er vermittelte mir eine Idee davon, mit welchen Gewissenskonflikten Muslime in unserer westlichen Welt leben und wie viel Willensstärke islamisches Leben in der westlichen, weltlichen Diaspora erfordert. Durch meinen neuen Freund sollte ich lernen, warum das Abnehmen des Kopftuches und der Besuch von Deutschkursen noch längst keine Integration darstellt. Wir begannen einen interkulturellen Dialog im Kleinen, der sich allerdings mit der Zeit eher zu meiner Reise in die Welt des Islam, in seine Welt, als zu einem echten Dialog wandeln sollte. Wusste er damals bzw. weiß er auch heute nicht immer, meine zunehmend kritischen und hintergründigen Fragen ganz zu beantworten, so nahm und nimmt er sie stets mit in die Moschee. Dort lässt er sie freitagnachmittags von Imamen in verschiedenen muslimischen Gemeinden Deutschlands beantworten.

Durch ihn, durch seine Ansichten, Kommentare und Interpretationen der bewegten Geschichte Arabiens, insbesondere

Palästinas, lernte ich, die Welt mit einem – ansatzweise – arabischen Geschichtsbewusstsein zu betrachten, mich ein wenig in die arabische Mentalität einzufühlen. Nachdem ich mit beeindruckenden und verstörenden Impressionen, vor allem aber mit vielen ungeklärten Fragen im August 2001 von meiner ersten Israel-Reise zurückgekehrt war, diskutierten wir oft und lange über die Lage („the situation", wie die Menschen im Nahen Osten sagen) und mögliche Lösungsansätze. Er brachte mir islamische Literatur, vor allem aber die Sunna, die Gesamtheit der vom Propheten überlieferten Aussprüche und Handlungen, um mir einen Einblick in das theoretische Regelwerk der islamischen Lebensgestaltung zu geben. Langsam lernte ich sein Leben, seine Gedankenwelt mit ihren Verpflichtungen und somit seinen Alltag besser verstehen. Für mich als an Fakten orientierte Journalistin eröffnete sich eine neue Welt, die anfangs auch ein wenig orientalistisch und von Vorurteilen geprägt war. Bis heute bemühe ich mich, diese Vorurteile in mir zu bekämpfen, auch wenn viele oft bestätigt worden sind. Die Suche nach dem mythischen Orient habe ich auf meinen bzw. unseren Reisen trotz der unbestrittenen Ankunft der Moderne in Arabien noch nicht aufgegeben.

Nach dem 11. September bekam mein neues Interesse eine noch drängendere Brisanz. Ich beschloss, mich weiter in den Dialog zwischen Okzident und Orient einzuarbeiten. Für Reportagen reisten Sharif und ich gemeinsam nach Ägypten und Jordanien. 2003 beschloss ich, Arabisch zu studieren, um auch mit den zahllosen Menschen innerhalb der arabischen Welt, die kein Englisch sprechen, Interviews führen zu können. Besonders Frauen wollte ich eine Stimme verleihen.

2005 fuhren wir mit einem alten Sprinter zur Recherche in die Ukraine und waren geschockt von der brutalen Kriminalität, die auf die staatlich verordnete Gottlosigkeit zu Sowjetzeiten gefolgt war. So entwickelten wir die Idee, mit einem Bus auf den Spuren des Islam in den neuen Beitrittsstaaten der EU, u. a. entlang der Grenzen des ehemaligen Osmanischen Reiches, zu reisen.

Wir wollten die Lebensbedingungen der Muslime in den Ländern des ehemaligen Ostblocks erkunden und über lokale Probleme anhand von Einzelschicksalen – Menschen, die wir in Tschechien, Ungarn, Serbien, Bulgarien und Rumänien trafen – berichten.

Da Sharif, mein journalistischer Freund, Fahrer, Berater in allen Fragen zum Islam und Übersetzer, wie so viele Araber auf die Durchhaltefähigkeit alter Mercedes-Fabrikate schwört, war es selbstverständlich, dass wir unsere Tour in einem Mercedes-508-Bus bestreiten sollten. Ein rollendes Heim auf sechs mal zwei Metern fünfzig. Da diese Fahrzeuge trotz insgesamt hoher Zuverlässigkeit zu kleinen Defekten neigen, beschlossen wir, Rico, einen jungen, abenteuerlustigen Mercedesmechaniker aus Leipzig, auf unsere Reise einzuladen. Erst als unser ostdeutscher Mitreisender begann, Bräuche und Verhaltensweisen zu hinterfragen, die mir als angehender Arabistin und Islamwissenschaftlerin schon lange selbstverständlich erschienen, erkannte ich, dass sich durch seine Anwesenheit ein weiterer Horizont erschloss: ein interkultureller Dialog zwischen mir, der Westberlinerin, einem Sachsen aus einem Dorf bei Leipzig und meinem in Süddeutschland aufgewachsenen arabischen Freund.

Sharif und ich überlegten uns Fragestellungen, aus deren Beantwortung wir uns Lösungen für brennende Problematiken in den alten europäischen Mitgliedstaaten erhofften. Ob sich muslimisches Leben in Bulgarien, wo eine lange und intensive gemeinsame Geschichte mit den Türken verbindet, als integratives Beispiel darstellen ließe? Ob die Türkei als großer, moderner, laizistischer, aber doch islamischer EU-Anwärter überhaupt noch nach den Regeln des Islam funktionierte? Wie leben junge Deutsch-Türken den Ramadan? Kann Syrien, ein Land mit einem christlichen Bevölkerungsanteil von 15 Prozent, Ideen für ein besseres Miteinander der Kulturen geben?

Wir besuchten meine christliche Freundin in Damaskus, die trotz diktatorischer, vermeintlich sozialistischer Politik versucht, ihr Leben nach ihren Vorstellungen zu gestalten. Wie lebt es sich als junger Mensch, besonders als freiheitlich denkende und fühlende Frau, in einem Land zwischen islamischem, aber auch christlichem Fundamentalismus und der unleugbar angekommenen Neuzeit?

Mit diesen und noch viel mehr Überlegungen im Kopf starteten wir zu Beginn des Ramadan 2006 unsere Reise, die uns beinahe täglich zu einer Moschee führen, mit Muslimen im jüngsten Teil der Europäischen Union ins Gespräch bringen und uns auch mit der Haltung der Einheimischen gegenüber Fremdem konfrontieren sollte.

Wir entdeckten Vorurteile, Parallelwelten, stille bikulturelle Abkommen, moderne, angepasste Islam-Auslegungen, gegenseitigen Respekt. Aber auch Verachtung gegenüber dem jeweils anderen, gegenüber dem Islam, der vermeintlich rückständigen Kultur, und schlimmer noch: persönliche Dramen, meist ausgelöst durch die Vermischung konservativer Religionsauslegung mit patriarchalisch geprägter Tradition. In Arabien erlebten wir auch Verständnislosigkeit gegenüber den modernen protestantischen Kirchen, doch ebenso Bewunderung für den ungebrochenen Modernisierungswillen der christlichen Religion. Bemerkenswerter jedoch als alle Konflikte, die wir in intensiven Gesprächen beleuchten konnten, war die freundliche Offenheit der Menschen, mit denen wir gesprochen haben, der Respekt und die Neugier, die sie unserem privaten bikulturellen Experiment, unserem christlich-muslimischen Team entgegenbrachten.

Kapitel 1

Von Berlin nach Leipzig

„Im Islam ist es ganz einfach: Mann und Frau haben getrennte, gleich wichtige Aufgaben. Der Mann ist Außenminister, die Frau leitet die Innenpolitik. Die Frau hat die gesamte Verantwortung für Haus und Kinder und der Mann für alles außerhalb des Hauses. Vor Gott sind alle gleich. Nur die irdischen Aufgaben sind verschieden."

So lautet Sharifs Erklärung der islamischen Beziehung zwischen Mann und Frau. Als europäische, freidenkerisch erzogene Frau betrachte ich Religionen kritisch. Je mehr ich über sie erfahre, umso kritischer werde ich, nicht aber, ohne auch das Positive zu sehen, das der Glaube zu schenken vermag. Mit einem praktizierenden, konservativen Muslim befreundet zu sein und zu arbeiten ist immer interessant und informativ – und hin und wieder für beide Parteien sehr schwierig. Da wir uns lange kennen und als Team entsprechend der oben beschriebenen Formel sehr gut funktionieren – außer in beruflichen Dingen, da herrscht fraglos Gleichberechtigung im europäischen Sinn –, planten wir zum Ramadan 2006 eine Reise in einem weißen, 31 Jahre alten Mercedes-508-Bus. Sharif, den ich im Hinblick auf technische Angelegenheiten gerne und dankbar als meinen Außenminister betrachte, erstand das Gefährt, das ein deutscher Ingenieur jahrzehntelang in mühevoller Kleinarbeit zum perfekten Wohnmobil umgebaut hatte. Mein Partner setzte es instand und übernahm die Verantwortung für die rund 5000 zu fahrenden Kilometer nach Jordanien, wo er zum Abschluss des Heiligen Monats von seiner Familie erwartet wurde. Als Innenministerin kümmerte ich mich um Proviant, die Ordnung im Bus, Reiseliteratur und die Route. Dass der Ramadan ein Fastenmonat ist, war angesichts der Menge an Nahrungsmitteln, die wir auf Geheiß meines Partners hin geladen hatten, nicht unmittelbar ersichtlich. Rico, unser Mechaniker, hatte sich autark eingedeckt. Bei seiner Ernährung stand Pragmatismus im Vordergrund: er packte einfach Nudeln, Konserven und einige Liter Eistee ein. Nach zähen Diskussionen konnte er Sharifs Herz erweichen und durfte auch Schweinefleisch in Dosen, aber zunächst keinen Alkohol mit an Bord nehmen. Rico, der schmale 28-jährige ehemalige DDR-Leistungsturner, versuchte ein wenig, um seine Feierabendbiere zu kämpfen, gab aber dem stets wie ein Clanchef auftretenden Sharif immer wieder nach.

Sharif misst dem reichhaltigen, ausgiebigen Essen einen deutlich höheren Stellenwert als der durchschnittliche Mitteleuropäer bei. Verständlich in einer Kultur, die keine Trinkrituale kennt. Feste sind in der islamischen Kultur stets von Ritualen der Völlerei begleitet – Diabetes und starkes Übergewicht sind in der arabischen Welt, wie auch in anderen Konsumgesellschaften, unübersehbar auf dem Vormarsch. Ramadan heißt für meinen Gefährten, wie für so viele andere Muslime auch, einen Mondmonat des nächtlichen Essens zu zelebrieren. Da er den ganzen Tag am Lenkrad saß, erklärte ich mich gerne bereit, sein stets dreigängiges Iftar (Fastenbrechen-Abendessen) zuzubereiten. Bald konnte ich mit islamisch korrekten Zutaten so kochen, dass es auch für das Mitternachtsmahl und sein üppiges Frühstück vor Sonnenaufgang reichte. Und einige Futterneid-Diskussionen später sollten wir auch unseren – in interkulturellen Dingen noch unerfahrenen – Reisebegleiter Rico an unseren arabischen kulinarischen Freuden teilhaben lassen.

Doch vor der Abfahrt hieß es Abschied nehmen.

An meinem Abschiedsessen in Berlin teilzunehmen, der Stadt, in der 220 000 Muslime mehr oder weniger integriert leben, findet Sharif schwierig. Er schätzt es nicht, zu Beginn des Ramadan unter Menschen zu sein, die Alkohol trinken. Daher lässt er sich nur kurz, anstandshalber, blicken. Seit dem 11. September habe ich auch an ihm die aktuelle Tendenz der Muslime in der Diaspora, die Regeln des Islam strenger für sich auszulegen, beobachten können. Früher wäre ein Abend mit gemäßigtem Alkoholkonsum für ihn kein Problem gewesen, nun bleibt er lieber fern.

Er zieht es vor, mit seinen Freunden – islamischen Brüdern aus der Moschee – gemütlich Mensef, das jordanische Nationalgericht, bestehend aus Lamm und Reis in Joghurtsoße mit Pinienkernen, zu genießen. Er lässt mich mit Freunden und ehemaligen Kommilitonen, mit denen ich zwei Jahre lang begeistert in die komplizierte Welt der hocharabischen Sprache eingetaucht bin, allein. Wir kochen nach einem irakischen Rezept Lamm und trinken dazu libanesischen Wein.

Aylin, eine deutsche Halbtürkin mit katholischer Erziehung, steuert frische Maultaschen mit Lammhack und Minze zur Tafel bei. Ihre Eltern führen ein kleines schwäbisches Restaurant in der Friedrichstraße und leben ihren interkulturellen Dialog nicht nur in privater, sondern auch in kulinarischer Hinsicht. Meine Freundinnen Aylin und Nadya, die Halbägypterin, deren ägyptischer Vater versuchte, ihr nur die aus europäischer Sicht positivsten Seiten des Islam nahezubringen, geben mir scherzend mit auf den Weg, mich bloß nicht in den charmanten Sharif zu verlieben – und daraufhin womöglich zum Islam zu konvertieren. Besonders Nadya, die beide Welten kennt, redet mir noch einmal ernsthaft und tief ins Gewissen. Sie, die regelmäßig am eigenen Leibe erfährt, was es bedeutet, in einer traditionell geprägten ägyptischen Kleinstadt zu leben, und dort, um des lieben Friedens willen, stets ein Kopftuch trägt und das Haus nur verlässt, wenn es ihr jüngerer Cousin gestattet, würde ihre in Deutschland gelebte Freiheit niemals missen oder eintauschen wollen. Da sie gerne alleinerziehende Mutter ist, hatte sie ganz andere Klippen als den Wunsch der Familie, sie möge ein Tuch tragen, zu umschiffen. Heute ist sie ein gerngesehener Gast im ägyptischen Teil ihrer Familie, ihre Tochter ist trotz des offiziell fehlenden Vaters voll akzeptiert. Doch dem gingen jahrelange, zähe Diskussionen voraus. Letztendlich haben die riesigen, strahlend blauen Augen ihrer unehelichen Tochter, so vermute ich, stärkere Überzeugungsarbeit geleistet als alle freiheitlichen Argumente ihrer Mutter. Nadya warnt mich eindringlich: „Kulturelle Experimente sind schön – aber nur, solange sie Experimente bleiben! Der Islam war zu Muhammads Zeiten eine tolle Religion für die Menschen auf der Arabischen Halbinsel, die in Zeiten der Not ihre Töchter lebendig begruben. Da kam der Prophet gerade recht. Aber wer kann sich heute, in unserer Gesellschaft, noch an 1400 Jahre alte Gesetze aus der Wüste halten, die noch dazu in einer niemals reformierten, nahezu unlernbaren semitischen Sprache abgefasst worden sind? Waren diese Gesetze überhaupt jemals für Europa bestimmt? Oder nur für Beduinen, die anderen Stämmen die Frauen raubten? Die im Streit um die spärlichen Wasserquellen ihr Auskommen finden mussten? Ich kann das alles nicht glauben. Falls es überhaupt jemals einen Gott gab, der für Europa zuständig war, dann war er Protestant. Nichts anderes ergibt für mich Sinn."

Ich erinnere mich, wie Sharif mir einst erklärte, dass die Araber den Islam „gebraucht" hätten, da sie vor Muhammad, in der Dschahiliya, der vorislamischen „Zeit der Dunkelheit", das schlimmste Volk überhaupt gewesen seien. Seiner Meinung nach sollte ich auch heute darauf achten, nur mit Arabern in Kontakt zu kommen, die praktizierende Muslime seien.

Nadya fährt fort: „Stell dir vor, du verliebst dich doch und du und Sharif, ihr heiratet. Denkst du, du könntest als Journalistin in Deutschland mit Kopftuch existieren? Ganz abgesehen davon, dass dein Mann dir die Erlaubnis zum Sprechen, Arbeiten oder gar Reisen mit fremden Männern schwerlich geben würde. Schau dich doch um, wie sie sich alle plötzlich auf die islamischen Werte besinnen, die Rückkehr zur Religion aus Trotz gegenüber der sogenannten ‚Anti-Terror-Politik‘! Ich mit meinem Namen kann keine Verwandten in den USA besuchen, ohne 24 Stunden in Sicherheitsgewahrsam genommen zu werden! Nur habe ich keine Religion, in die ich mich aus Protest flüchten kann oder will." Sie ereifert sich absichtlich, um meiner möglichen Konvertierung wirkungsvoll vorzubeugen. „Außerdem darfst du nicht vergessen: Eine Scheidung ist bei uns für den Mann eine leichte Sache, und Kinder über acht Jahre kommen zum Vater!", warnt sie mich nochmals eindringlich.

Sharif hatte bis auf einen Versuch nicht probiert, mich zum Islam zu bekehren, sondern eher, mir in meiner Funktion als journalistischer Partnerin so etwas wie den Insider-Blick im Dienste des besseren kulturellen Dialogs und um Vorurteilen vorzubeugen zu vermitteln. Nur ein Mal, zu Beginn unserer Freundschaft, lud er mich zum Islam ein, so wie es die religiöse Pflicht eines jeden Muslims ist. Er versuchte, mich mit dem Argument, dass Qur'an und Sunna, also die Überlieferungen aus dem Leben Muhammads, auch für mich das Rüstzeug in unserer komplizierten Welt sein könnten, zu überzeugen. Er wollte, dass ich in den beiden heiligen Büchern ein stabiles Gefüge für mein Leben fände. Daher schenkte er mir ein Lehrheftchen mit dem Titel „Frauen im Schutz des Islam" mit der Widmung: „In-

scha'allah wird dich dieses Buch auf den richtigen Weg führen." Leider waren allein die fünf Argumente der saudischen
Publikation für die Mehrehe derart verstörend, dass ich beschloss, mich zwar weiterhin mit dem Thema zu beschäftigen;
eine Konvertierung kam jedoch schon allein deshalb – ganz abgesehen von anderen Zweifeln – nicht in Frage.

Mit den besten Wünschen für eine interessante, gute Reise
verabschieden mich meine islamophilen Freunde, die eher den
abenteuerlustigen Naturen zuzurechnen sind. Die anderen zeigen sich, wie immer, wenn Sharif und ich zu einer Reise in den
Nahen Osten aufbrechen, besorgt und ringen mir das Versprechen ab, mich regelmäßig bei ihnen zu melden.

Leipzig – 192 Kilometer von Berlin

Am nächsten Morgen wollen wir nach Leipzig fahren, da dort
nicht nur eine aktive islamische Gemeinde, die größte Ost-
deutschlands, beheimatet ist, in der Sharif viele Brüder hat,
sondern auch die – natürlich muslimische – Autowerkstatt seines Vertrauens. Für unseren alten Dieselmotor steht ein letzter Check vor der langen Reise an. Dann wollen wir Rico, den
Bordmechaniker, abholen, und es soll losgehen. Doch nachdem ich Sharif von meinem Abendessen berichtet habe und
davon, wie mir meine deutsch-ägyptische Freundin ins Gewissen geredet hat, lässt er es sich nicht nehmen, mir einen deutschen Bruder, einen Konvertiten, der nun glücklicher denn je
sei, vorzustellen. Wir fahren noch am selben Abend nach
Leipzig, wo Sharif uns eine Einladung zum Tee – und für mich
eine Einladung zum Islam – bei seinem neuen Bruder Hassan
organisiert hat. Unterdessen hält der Bus einer Überprüfung in
der islamischen Werkstatt stand, dem morgigen Aufbruch
steht nichts mehr im Wege.

Stephan, wie Hassan noch bis vor einem halben Jahr hieß, kam zum Studium der Biologie aus der süddeutschen katholischen Provinz nach Leipzig. Er lebt in einer typischen Studenten-Wohngemeinschaft und verarbeitet gerade seinen ersten Fastentag. Noch ist er unerfahren im Fasten, anders als Sharif, den seine Eltern vorschriftsgemäß schon als Siebenjährigen langsam an den Hunger und vor allem den quälenden Durst heranführten – in einer Form, dass er den Ramadan heute als Geschenk betrachten kann. Auch ist Hassan der Brauch der üppigen Nahrungsaufnahme vor Sonnenaufgang und dem Fadschr, dem Morgengebet, noch fremd – durchaus verständlich bei einem knapp 26-jährigen Studenten, der schwarzen Tabak und ebensolchen Kaffee zum späten Frühstück gewöhnt ist. Anfangs höre ich den jungen Männern beim Plaudern zu. „Bruder Mahmoud ist heil aus Palästina zurückgekehrt, alhamdulillah – Gott sei Dank", beginnt Sharif das Gespräch. Mahmoud, den wir kurz zuvor auf der Straße getroffen haben, ist ein gut aussehender palästinensischer Flüchtling in Jeans und T-Shirt, der eine Leipzigerin geheiratet hat. Seine Frau trägt seit der Hochzeit nur noch islamisch korrekte Kleidung, also weite, dem europäischen Modegeschmack nach eher unförmige Kleider und traditionell gebundene Kopftücher, die eine junge blonde Frau unter keinen Umständen verschönern. „Wollen wir nur hoffen, dass seine deutsche Frau schon verstanden hat, was Ramadan bedeutet. Nach einer langen Trennung ist es ja verständlich, dass sie Bedürfnisse hat, hoffentlich schafft er es, ihr jetzt im gelobten Ramadan zumindest tagsüber zu widerstehen." Worte, die ich eher im traditionell geprägten Jordanien erwartet hätte, nicht aber in einer ostdeutschen WG, in der schwerer Tabakrauch in der Luft hängt, Che-Guevara-Poster und Zeitungsausschnitte von Rockkonzerten die Wände zieren.

Stephan wuchs nicht übermäßig religiös auf, durchlief aber alle Stationen der katholischen Erziehung. Er kam, auf der Suche nach Sinn und Erklärungen für die, wie er sagt, Wunder der Natur, durch einen tunesischen Freund zum Islam. Der junge, blonde Mann trägt Jeans und T-Shirt, sein fusseliger Bart vermittelt eher den Eindruck eines schusseligen Studenten als eines konvertierten Muslims. Heute ist er vom anstrengenden ersten Fastentag geschafft, aber glücklich. Beim spätabendlichen Gespräch verspürt er noch Magenschmerzen von zu hastigem, zu vielem Essen und raucht seine selbstgedrehten Zigaretten aus schwarzem Tabak Kette. Sharif gratuliert ihm zu seinem ersten Ramadan und weist ihn freundlich auf das für Muslime bestehende Nichtrauchgebot hin, das im gelobten Monat noch strenger zu beachten sei. Natürlich weiß Hassan um das Gebot, doch mit dem Gesichtsausdruck eines Kindes, das bei etwas Verbotenem erwischt worden ist, erklärt er, dass es sein Ziel sei, sich mit Allahs Hilfe zu bessern.

Doch heute habe er eben diesem Laster aus seiner christlichen Zeit, die er als seine persönliche Dschahiliya betrachtet, als Zeit der Unwissenheit und Dunkelheit, nachgeben müssen. Heute sei das Fasten, das Studieren und dazu noch das Nichtrauchen schon so schwer gewesen, dass er es jetzt, nachts, einfach tun müsse. Wie ein verständnisvoller Vater gratuliert Sharif ihm erneut zu seinem Entschluss, Muslim geworden zu sein, und zu seinem erfolgreichen Beginn des Fastens. Sharif ist sich sicher, dass Hassan, wenn er nur hart an sich arbeitet, bald auch die anderen weltlichen Laster überwinden kann. Hassan ist Muslim geworden – „Gott sei Dank, es war die beste aller meiner Entscheidungen" –, weil ihm in unserer freien Welt eine Verankerung fehlte. Alkohol, Mädchen, Motorräder oder Markenturnschuhe, Dinge, die ihn früher bestimmten, sind ihm unwichtig geworden. Hassan beschreibt seine Sinnsuche so: „Irgendwann, mit Mitte zwanzig, stehst du nach zig Partys, soundso vielen Freundinnen und deinem lahmen Studium da und fragst dich, was du bisher mit deiner Zeit gemacht hast. Wo das alles hinführen soll. Rauchen, manchmal auch Kiffen, Hauptsache nichts tun und Spaß haben. Das kann doch nicht alles im Leben sein! Bei einigen arabischen Freunden bemerkte ich, dass sie der Religion in den letzten Jahren einen größeren Stellenwert als früher einräumten. Man sah sie nicht mehr auf Partys oder in Bars. Ich habe versucht, in der Bibel eine Lösung zu finden, aber war enttäuscht. Ich schwöre, ich habe sie gelesen und mir Mühe gegeben, sie zu verstehen. Dann habe ich über meine Suche mit einem arabischen Freund gesprochen – er ist jetzt mein Bruder, alhamdulillah; er erkannte das Problem, das seiner Meinung nach viele Westler haben."

Interessiert höre ich zu. Seine Zweifel am modernen Lebensstil kann ich teilweise nachvollziehen, den Rückzug in die Lehren des Islam allerdings nicht. Er fährt fort: „Ich bin mäßig religiös aufgewachsen, aber an Gott habe ich immer geglaubt. Nur erkenne ich jetzt, dass der Islam die einzig wahre Religion ist, denn schließlich ist Muhammad der letzte Prophet gewesen – und den erkennt die christliche Kirche nicht einmal an! Zum anderen ist der Islam die einzige Religion, deren Worte nicht durch Übersetzungen verfälscht sind."

Wie weit denn sein Studium der heiligen Sprache, des Hocharabischen, schon gediehen sei, wenn er den Qur'an bereits im Original lesen könne, will ich wissen. Es gibt in muslimischen Kreisen intensive Diskussionen um viele, vermeintlich verfälschte Qur'an-Übersetzungen, die meines Wissens nach meist darin resultieren, dass Konvertiten das Studium der arabischen Sprache aufnehmen, um der wahren Lehre näherzukommen.

„Alhamdulillah kann ich schon lesen, aber die Sprache ist schwer, so dass ich immer mit guten Übersetzungen arbeiten muss. Doch einige Gebete kann ich schon auf Arabisch. Wenn wir freitags in der Moschee beten, verstehe ich den Sinn der Rezitation zwar nicht vollständig. Aber immer werde ich von der Spiritualität, die durch das gemeinsame Gebet entsteht, ergriffen."

Hassan möchte mir meine eigene „unbewusste Verwirrung", die aus meiner vermeintlichen Gottlosigkeit entstanden sei, aufzeigen: „Schau, Männer, Frauen, Familie, Gesellschaft, alles ist im Umbruch, alle sind orientierungslos. In unserer Religion gibt es nicht nur Antworten, sondern auch klare Leitlinien, damit alle in einer besseren Welt leben. Bei den Christen ist alles veränderbar. Wo soll denn da die echte Religion sein? Die Resultate der sogenannten ‚Befreiung', die ich lieber ‚gottlose Enthemmung' nennen möchte, sei es freie Partnerwahl, Pornografie, Glücksspiel, die permanente Präsenz von Alkohol oder Prostitution, zersetzen die Gesellschaft und schaffen abnorme Wünsche, die zu Dämonen werden."

Das klingt zwar im Ansatz überzeugend, ist für mich aber noch lange kein Grund, mich einem patriarchalischen religiösen System unterzuordnen. Hassan spürt meine Zweifel und führt die Argumente an, die aufmerksamen Zeitgenossen aus jeder Kopftuchdiskussion bestens bekannt sein dürften: „Sieh doch selbst, den Frauen gegenüber ist es nicht korrekt, sie einfach zu Objekten zu degradieren, die jung, schön und schlank sein müssen, und ihnen dieses Diktat als Freiheit zu verkaufen. Und nun beginnt die Industrie auch noch, Männern einzureden, dass sie ‚metrosexuell' sein müssten, sich schminken und ‚ihre weibliche Seite' zulassen sollten. Totaler Quatsch, der vom Teufel kommt! Wo soll es denn bitte hinführen – noch mehr kaputte Familien, noch mehr orientierungslose Jugendliche, die sich in Kriminalität, Drogen, Computerspiele oder Pornos flüchten? Die sogenannte westliche ‚Freiheit' ist der Verfall der Zivilisation! Aber mit dem Islam kannst du dich durch die fünf täglichen Gebete vor dem Verfall schützen. Du bist ununterbrochen in Verbindung mit der Quelle der Schöpfung und kontrollierst deine Wünsche und Begierden auf ganz andere Art. Ich sage ja gar nicht, dass alle Muslime werden sollen. Die Rückbesinnung auf den Gott der jeweils eigenen Kultur würde den jungen Menschen und der Gemeinschaft schon helfen. Doch für mich ist der Islam die ehrlichste aller Religionen. Und, Jasna, falls du noch Zweifel hast, so sei dir gewiss: Eine Frau, Muslima natürlich, die ihren Mann wirklich liebt, sieht Allah in ihm."

Damit beendet der junge Mann das Gespräch und entschuldigt sich, da er noch Qur'an lesen will, im schwierigen Original, dem einzig Wahren. So, wie es dem gläubigen Muslim im Heiligen Monat aufgetragen ist. Sharif und ich verabschieden uns, die Herren tauschen arabische Gruß-, Ehrerbietungs- und Glückwunschformeln für die harte, aber selig machende Zeit des bevorstehenden Mondmonats aus.

„Siehst du", strahlt mich Sharif nach dem Gespräch mit dem in sich ruhenden jungen Konvertiten an, „es ist nie zu spät, zum wahren Glauben zu finden!" Derartige Gespräche haben wir schon oft geführt, und je nach Laune habe ich ihn bisweilen in lange Diskussionen verwickelt, die in Streit, meist über die Rolle der Frau, endeten. Da Sharif in Glaubensfragen zwar stets auskunftsbereit ist, meine Fragen aber dann und wann als provokative Angriffe empfindet, halte ich es angesichts der vor uns liegenden zwei Monate für klüger, zu schweigen. Wir holen unseren Mechaniker Rico, eine sächsische Frohnatur, aus dem unter Mutters Regiment stehenden Einfamilienhaus ab. Nach einer kurzen Diskussion über die nach islamischem Gesetz streng genommen verbotene, dann aber doch von Sharif zähneknirschend gestattete Mitnahme von Schweinefleisch in Büchsen fahren wir los.

Kapitel 2

Von Leipzig über Tschechien in die Slowakei

Endlich beginnt die Reise durch das östliche Europa, die uns auch durch Teile des ehemaligen Osmanischen Reiches führen soll. Es ist die erste Nacht des Ramadan. Wir rollen in unserem voll beladenen Oldtimer-Bus Richtung Tschechien. Ich erhalte die Anweisung, mich ab jetzt an allen Grenzen unauffällig zu verhalten und Sharif, den Mann und Außenminister, die Formalitäten erledigen zu lassen. Er hat Angst um sein unangemeldetes Motorrad, das wir auf einer selbst erdachten und ans Heck konstruierten Tragevorrichtung transportieren. Zudem befürchtet er Probleme seines Namens und arabischen Äußeren wegen und aufgrund der vielen arabischen Stempel in unseren Pässen. Doch seine Sorgen erweisen sich als unbegründet: Der Bundesgrenzschutz in Zinnowitz erkennt nach einem kurzen Blick in den Bus, dass wir harmlose Reisende sind.

Tschechien – 250 Kilometer von Berlin

Bei der tschechischen Passkontrolle höre ich meinen Namen zum ersten Mal seit meinem letzten Besuch in Kroatien wieder auf Anhieb richtig ausgesprochen. Zwar sind mein Vater und mein Vorname kroatisch, doch mein Nachname, den die meisten Deutschen falsch aussprechen, ist tschechischen Ursprungs. „Saitschek" sorgt hier für Belustigung. Die Grenzer erlauben sich einen Spaß, blicken ernst unter ihren Mützen hervor, fragen, wer denn das „Zajček" sei, und prusten dann laut los. Zajček bedeutet im Tschechischen „Häschen".

Gegen drei Uhr morgens fahren wir auf den Parkplatz einer Tankstelle europäischen Standards, es gibt noch einen Snack für den Fahrer. Dann schlafen wir bis mittags. Obwohl ich mir eine Schlafkoje mit Sharif teile – Rico darf sein Zelt nicht auf der Raststätte aufschlagen –, bekomme ich das erste Gebet und sein Frühstück vor Sonnenaufgang nicht mit. Mein muslimischer Freund sollte seinen morgendlichen religiösen Verpflichtungen von nun an fast immer leise und dezent, ohne mich zu wecken, nachkommen. Danach schlummerte er meist bis mittags im gut isolierten Bus weiter.

Für mein Empfinden sind dies äußerst ungünstige Reisebedingungen, doch was soll ich machen? Unser Oldtimer ist wie eine lebendige, sensible Seele, die Sharif in- und auswendig zu kennen scheint, eine Seele, für die er ständig kleine Gebete gen Himmel schickt. Der Motor hat schon zu Reisebeginn fast stündlich neue, ungewohnte Geräusche ausgespuckt, die mein Partner als akustische Symptome verschiedenster Kleinstdefekte und Abnutzungserscheinungen deutet. Von Raststätte zu Raststätte sind er und Rico stets im Reparatureinsatz: Mit Schraubenziehern und einigen Axthieben wissen die beiden Männer unserem Dumbo, wie wir unser Gefährt aufgrund seiner elefantengrauen Innenausstattung getauft haben, zu helfen. Doch zum Glück sind die Straßen in der ehemaligen Tschechoslowakischen Republik in gutem Zustand, so dass außer den Wartungen, die ein alter Dieselmotor so braucht, vorerst keine Werkstattbesuche anstehen. Für seine 31 Jahre schnurrt unser Bus geradezu durch die Böhmische Schweiz, am herrlichen Bergpanorama der Hohen Tatra vorbei, schnurstracks Richtung Brno, Brünn, dem dortigen Zentrum muslimischen Lebens. Wie schön wäre es, hier und dort zu halten, in der spätsommerlichen Wärme zu wandern, ein wenig in die Berge zu gehen. Die Tschechen scheinen ein sportliches Volk zu sein, überall sehen wir Radfahrergruppen, Wanderer, Inlineskater.

Wir nehmen zwei Tramper mit, die gerade von einem Kletterausflug in der Hohen Tatra nach Prag zurückwollen. „Ein Kletterausflug!", denke ich. Für uns undenkbar, jetzt, im Ramadan, wo die Fastenden Kräfte sammeln müssen und – zumindest in arabischen Ländern – das öffentliche Leben einen Monat lang auf Sparflamme köchelt. Als ich aber doch einen kleinen Spaziergang durch die blühende, farbenprächtige Landschaft voller duftender Apfelbäume vorschlage, schaut Sharif mich leicht verdutzt an: „Du weißt, dass ich dir überallhin folge, dich überall hinfahre, alles für dich fotografiere und dabei noch versuche, der beste Sicherheitsoffizier der Welt für dich zu sein! Aber willst du, dass ich verdurste? Ich kann doch bei der Hitze nichts trinken, da werd ich mich ja wohl erst recht nicht außerhalb des Autos bewegen."

Fastende Muslime sind dazu angehalten, den sich im Mund sammelnden Speichel nicht zu schlucken, da dies die Mundtrockenheit und den Durst, der die Gedanken auf Gott konzentrieren soll, lindern könnte. Auf meine Frage, ob er denn nicht irgendwann vor Sonnenuntergang sowieso etwas trinken müsse, da er, bei Hunger und noch größerem Durst, sicherlich nicht mehr konzentriert fahren könne, antwortet er nur: „Inscha'allah", was ungefähr so viel bedeutet wie: „So Gott will, wird es schon gehen." Rico sitzt derweil auf der hinteren Bank und radebrecht auf Englisch mit sächsischem Akzent mit den Pragern. Er freut sich einfach nur, dem Mief seines Dorfes bei Leipzig für mindestens zwei Monate entkommen zu sein. Die große weite Welt steht ihm nun offen. Dass fremde Menschen in entfernten Ländern anderes oder überhaupt glauben, ist ihm, passend zum aktuellen Aufenthaltsort in der Böhmischen Schweiz, ein böhmisches Dorf. Er will seinen Sommer durch die Fahrt gen Süden verlängern, fremde Menschen und Länder, so gut es sein Englisch erlaubt, kennenlernen. Er macht sich nicht im Geringsten einen Kopf darüber, was Sharif und ich ständig im Cockpit diskutieren – zum Beispiel den aus meiner Sicht physiologischen Wahnsinn des Nicht-Trinkens bei verantwortungsvoller Autofahrt im heißen Spätsommer.

Als wir die sympathischen Tramper am Zubringer nach Prag absetzen, kümmert sich Rico ausdauernd darum, noch den letzten deutschsprachigen TV-Sender in seinem kleinen mitgebrachten Schwarz-Weiß-Fernseher zu empfangen. Und natürlich um die seltsamen neuen Motorengeräusche, die er allerdings meist erst nach Sharifs Ansage zu bemerken scheint.

Während der Fahrt auf der Autobahn – das Thermometer ist tagsüber auf mindestens 30 Grad gestiegen, und ich habe flaschenweise Wasser getrunken – erinnere mich an eine Reportagereise in den Gaza-Streifen. Diese hatte ich im denkbar ungünstigsten Monat für einen beruflichen Besuch der arabischen Länder unternommen. Es war Ramadan 2005, und mein damaliger Fahrer kündigte kurz vor Sonnenuntergang, die ersten Freudenschüsse knallten schon aus den Gewehren, an, dass er mich nun leider absetzen müsse. Mitten in einer zertrümmerten, extremistisch geprägten Gegend am Mittelmeer, einer der wenigen im Nahen Osten, in der nicht selten Journalisten entführt werden. Seine Erklärung für die spontane Beendigung des Arbeitsverhältnisses bei Sonnenuntergang lautete, dass seine Frau gekocht habe, die wenigen Gaststätten aufgrund der Familienfeierlichkeiten geschlossen seien und er keine Minute länger ohne Wasser überleben könne. Nur indem ich ihm mein Wasser und mein letztes Sandwich aufdrängte, konnte ich ihn davon überzeugen, mich doch wie eingangs verabredet am Grenzübergang nach Israel abzusetzen und nicht auf offener Strecke in der traurigen, durchaus gefährlichen Ödnis der Peripherie von Gaza-Stadt. Was die Veränderung der islamischen Psyche im Ramadan betrifft, glaubte ich, nach diesem Erlebnis auf so gut wie alles gefasst zu sein.

Im Gegensatz zu den Ländern des Balkans verbindet die heutige Tschechische Republik keine jahrhundertelange gemeinsame Geschichte mit dem Islam. Es gibt keine islamisierte einheimische Bevölkerung wie etwa in Bulgarien oder Bosnien, auch war Tschechien, anders als etwa Frankreich oder England, in islamischen Ländern keine Kolonialmacht. Sharif und ich rechneten nicht damit, in diesem Land mit noch junger interkultureller Geschichte in Bezug auf den Islam Muslime zu treffen. Hier siedelten sich die ersten Muslime erst nach 1878 an, als Österreich-Ungarn Bosnien und Herzegowina besetzte. Zu Beginn des 20. Jahrhunderts kam noch eine kleine Anzahl weißrussischer Immigranten muslimischen Glaubens hinzu, die 1935 beschlossen, den Bau einer Moschee und die offizielle Anerkennung zu initiieren. Doch Streit in der Gemeinde verhinderte dies.

Nach Kriegsende wurden die tschechischen Muslime eine freie Interessengemeinschaft, in der sich einzelne Gläubige durch die Übersetzung des Qur'an und anderer wichtiger Schriften hervortaten. Da immer mehr Muslime aus Ägypten und dem Irak, den offiziell befreundeten Staaten, einreisten, wurde 1968 ein erneuter Versuch gestartet, als Religionsgemeinschaft anerkannt zu werden. Nach dem Prager Frühling und der Invasion der Sowjets waren die Initiatoren jedoch gezwungen, ins Exil zu gehen. Seit 1989, dem Jahr der Samtrevolution, haben die rund fünftausend tschechischen Muslime, unter ihnen rund fünfzig Konvertiten, immer wieder versucht, als Religionsgemeinschaft anerkannt zu werden, um so ihr soziales und religiöses Leben offiziell zu organisieren. Dem stand allerdings das tschechische Gesetz entgegen, das bis 2004 bestimmte, eine Religionsgemeinschaft müsse mindestens 20 000 Mitglieder zählen, um als solche anerkannt zu werden. Erst nach seiner Abschaffung wurde die zweitgrößte Religionsgemeinschaft der Welt auch in der Tschechischen Republik offiziell anerkannt.

Das Zentrum der islamischen Gemeinde zog in die östliche Region Moravia, in deren Hauptstadt Brno heute die meisten Muslime leben. Hier steht auch die einzige Moschee des Landes, der Grund unseres Besuchs. Passenderweise ist Brno mit der größten islamischen Gemeinde Moraviens Partnerstadt von Leipzig, dem größten ostdeutschen Zentrum von Muslimen.

Die alte Habsburgerstadt, in der Gregor Mendel die Genetik begründete, liegt 250 Kilometer entfernt von der Hauptstadt Prag auf unserem Weg. Da unser Bus es selbst bei voller Fahrt nur auf schlappe 80 Stundenkilometer bringt, campieren wir die zweite Nacht an einer Raststätte kurz vor Brno. Es ist kurz vor Sonnenuntergang, nun bin ich gefordert, die Frau und Innenministerin. In unserer mit Herd und gasbetriebenem Kühlschrank perfekt ausgestatteten Küche will ich mich gerade ans Kochen machen, als der bereits zum Gebet gewaschene Sharif nach Essen verlangt. Da ich gerade am gemütlichen Sondieren der kombinatorischen Iftar-Möglichkeiten bin, die unser gut gefüllter Vorratsschrank hergeben könnte, reagiere ich wohl wie eine Mutter, deren Sohn nicht auf das Abendessen warten kann: „Mach dir doch schnell ein Brot, nimm dir einen Apfel, das Kochen dauert noch ein Weilchen." Dieser Satz scheint in diesem Moment falsch gewesen zu sein, denn ich bekomme einen energischen Anschnauzer des halbverhungerten Muslims: „Den ganzen Tag hast du Zeit gehabt, du musstest mich nur unterhalten und ein paarmal in die

Karte schauen, und jetzt sagst du mir, dass du überlegst, was es zu essen gibt? Ich sag es dir gleich, was es von nun an zum Abendessen geben wird. Gib mir erst mal meine saudischen Datteln und einen großen Becher Saftschorle, mach schon, die Sonne ist gleich weg, schneller!"

Ich tue, was er sagt. Sharif holt meine Yogamatte zum Beten aus dem Wagen, setzt sich auf sein arabisches Lederkissen und zelebriert, mit einem leise gemurmelten „Bismillah ar-rahman ar-rahim", „Im Namen Gottes des Allerbarmers, des Barmherzigen", vor der ersten Nahrungsaufnahme des Tages seinen ersehnten Iftar. Andächtig verspeist er seine Dattel, so, wie es in der Überlieferung der Handlungen des Propheten beschrieben wird, und stürzt danach in Windeseile einen halben Liter Apfelsaftschorle hinunter. Dann kommt er wieder zu mir in die Busküche. „So, pass auf, ich sage dir jetzt, wie das in Zukunft abzulaufen hat: Zuerst brauche ich immer meine saudische Dattel und das Getränk. Wenigstens das hat ja geklappt. Jetzt muss ich sofort beten. Danach pflege ich eine Suppe zu mir zu nehmen, kann auch gerne eine Tütensuppe sein. Pass aber auf, dass du nicht die Tütensuppen von Rico nimmst, da ist immer irgendwas mit Schweineextrakt drin. Dazu möchte ich einen großen Salat, aber nicht mit dem Weißweinessig, den du angeschleppt hast. Die Soße machst du nur mit Joghurt und Zitrone und einigen der billigen iranischen Datteln, kleingemacht und ohne Stein. Beim Hauptgericht kannst du deiner Kreativität freien Lauf lassen. Du weißt ja, ich esse alles, was du kochst, und ich mag braune Zwiebelsoße zum Fleisch, aber mach hinne, in fünf Minuten habe ich fertig gebetet, dann brauche ich die Suppe, gleich danach den Salat, verstanden?"

Ich nicke verständnisvoll und verzeihe meinem Reisepartner, dass er sich nach europäischen, emanzipatorischen Maßstäben stark im Ton vergriffen hat – schließlich hat er den ganzen Tag lang gehungert, auf dem Fahrersitz geschuftet und sich Mühe gegeben, freundlich zu bleiben. Sharif nimmt seinen Kompass, der immer Richtung Mekka zeigt, und verzieht sich mit meiner Yogamatte an einen ruhigen Platz. Der Kompass ist sein kleines Heiligtum, er hatte ihn sich während seiner ersten Hadsch, der Pilgerfahrt nach Mekka, in Saudi-Arabien gekauft. Ich seufze kurz, muss dann aber doch schmunzeln, da ich weiß, dass er nach den ersten Bissen wieder mein gewohnt charmanter Begleiter sein wird. Ich nehme seine Kommandos sportlich und bemühe mich nach dieser klaren Ansage, zum Sonnenuntergang besonders achtsam zu sein. Diese wenigen, wichtigen Minuten brauchen fortan Organisation und Weitblick, für mich ganz klar: ein Fall für Europa, ein Fall für mich. Die Ent-Dramatisierung des Iftars schreibe ich mir ganz groß auf meine innere To-do-Liste.

Richtig böse sein kann ich Sharif ohnehin nicht, zumal die Stimmung in arabischen Ländern während des Ramadan schon nachmittags deutlich schlechter ist, als sie es heute in unserem Cockpit war. „So", fährt Sharif fort, „erste Regel: Rico muss raus aus der Küche, Jasna muss jetzt für mich kochen." Der Leipziger mault, dass er auch Hunger habe und die ganze Aufregung nicht verstehe. „Rico, du hast den ganzen Tag lang deine Knabbereien gefuttert, jetzt bin ich dran, raus mit dir!", tönt Sharif nun schon aggressiver. Rico folgt brav, ich warte auf die kulinarischen Anweisungen.

In den sechs Jahren, die ich mit Sharif, der skurrilen Personalunion aus modernem, deutschem Fotografen und konservativem Sunniten, arbeite, hatte ich mir ernsthaften Widerspruch zu Religion oder ihre Ausübung betreffenden Fragen abgewöhnt. Ich erinnere mich an eine dreistündige, hitzige Diskussion, die wir zu Beginn unserer professionellen Freundschaft im Marmorpalast seiner Eltern in Jordanien führten. Angesichts meiner, wie Sharif es nannte, „Uneinsichtigkeit" bezüglich der Unterschiede zwischen Mann und Frau drohte unsere Freundschaft beinahe zu zerbrechen. Doch als ich eine Nacht darüber geschlafen hatte, entschied ich mich dafür, diese Verbindung weiter zu pflegen. Nicht einmal zähneknirschend entschloss ich mich damals, im Umgang mit Sharif seine Regeln zu befolgen. Zum einen, weil er ein guter Fahrer, ein guter Fotograf, ein bezaubernder Charmeur, ein wunderbarer Beschützer und außerhalb des Ramadan auch ein fast perfekter Freund ist. Zum anderen erkannte ich, dass er mir eine unerschöpfliche Informationsquelle über das System Islam sein könnte, wenn ich mich nur grob an seine Vorgaben hielte. Da wir meist gemeinsam in seinem Kulturkreis auf Recherchetour unterwegs waren, gab ich mir Mühe, meine westeuropäische, modern-weibliche Denkweise hintanzustellen. Nur so konnte ich mich auf das Experiment „gelebter kultureller Dialog", der in seiner Hemisphäre gerne auch mal zu seinem Monolog wurde, einlassen. Dass er mich in weltlichen Fragen als Freundin und Ratgeberin schätzte, dass er mich außerhalb seines religiösen Regelwerks, das leider über die Hälfte seiner Gedankenwelt prägt, als gleichberechtigte Partnerin akzeptierte, vor allem aber meine feste Verankerung in den demokratischen, laizistischen Werten des Westens wie auch in einem liebevollen sozialen Umfeld in Berlin lassen mich seinen Ausbruch hier, auf der Raststätte vor Brno, ertragen.

Als Sharif vom Beten zurückkehrt, serviere ich ihm die dampfende Hühnersuppe und den wunschgemäß zubereiteten Salat. Nach einigen Bissen entschuldigt er sich erwartungsgemäß für seinen Kommando-Tonfall und lobt dankbar mein Verständnis sowie meine Kochkünste. Rico will nun wieder in der Küche aktiv werden, sich irgendwelche Dosen aufwärmen, doch ich habe noch Reis und Fleisch auf unseren zwei Flammen in Arbeit. „Komm her, Kleiner", ruft Sharif den zwei Jahre jüngeren Mechaniker zu sich, „du darfst nicht immer alles so ernst nehmen, wenn ich faste, bin ich manchmal komisch. Bitte, Jasna hat leckeren Salat gezaubert, nimm dir, so viel du willst!" Rico versteht nun gar nichts mehr. „Wie, du fastest? Du bist doch grad am Essen und machst ständig Stress wegen noch mehr Essen? Und außerdem hast du gesagt, ich darf nicht an dein Essen gehen …" Sharif und ich schauen uns an und müssen lachen. Während in Berlin selbst die Boulevardpresse regelmäßig die Regeln des Ramadan erläutert, scheint vom Konzept Islam im Umkreis von Leipzig noch nichts, aber auch wirklich gar nichts angekommen zu sein. Wie ich erst im weiteren Verlauf der Reise feststellen sollte, hatte Rico keinerlei Vorstellung über den Islam, da seine Kontakte mit Muslimen sich bislang auf den Besuch eines türkischen Dönerkebab-Imbisses beschränkten.

„Rico, das mit dem Fasten erklär ich dir später. Jetzt iss erst mal." Doch Rico will zum jetzigen Zeitpunkt weder frische Tomaten noch bunte Paprika oder die unbekannt-klebrigen Datteln probieren. Außer Mamas Küche schenkt er nur seinen deutschen Konserven Vertrauen. Auch lehnt er es noch kategorisch ab, Wasser zu trinken, und zieht stattdessen Softdrinks, chemisch produzierten Eistee und seinen geliebten Instant-Kaffee mit Kaffeeweißer vor. Er ist nicht der einzige Ostdeutsche, den ich kenne, der die vermeintlichen Errungenschaften des Westens wie Konserven-, Tiefkühlkost und Instant-Nahrung im Übermaß konsumiert. So hungert unser „Kleiner", sich dem Salat verweigernd, lieber noch ein wenig, bevor er seine Büchse des Tages in der eigenen „Schweine-" Pfanne warm macht. Die strikte Geschirr- und Bestecktrennung erinnert an einen koscheren jüdischen Haushalt.

Sharif scheint es gut zu schmecken, er verzehrt sein Fleisch mit Reis auf arabische Weise. Mit der rechten Hand. Bei dieser Art der Nahrungsaufnahme bekleckert er sich gern, so dass ich nicht umhinkann, zu schmunzeln. „Was?", ruft er mir zu. „Du weißt doch, wie man bei uns isst, und außerdem: Freu dich, so gibt's weniger Abwasch." „Hey, Kollege", antworte ich, „findest du es nicht hygienischer, mit Messer und Gabel zu essen, als wenn alle Leute mit den Fingern in den gemeinsamen Topf greifen? Natürlich waschen die guten Muslime sich die Hände vor dem Essen. Aber du sagst doch immer, dass man nicht davon ausgehen kann, dass jeder gebürtige Muslim auch wirklich ein frommer Mensch ist."

Sharif behauptet, meist schon nach einem Blick einschätzen zu können, wie es um die Frömmigkeit eines neuen Bekannten bestellt ist. Er beginnt, eher an Ricos als an meine Adresse gerichtet, zu dozieren: „In vielen arabischen Ländern treibt die Armut die Menschen in die Touristengaunerei, in den Betrug, und Betrug ist unislamisch. Rico, siehst du hier den dunklen Schatten auf meiner Stirn? Achte bei Arabern auf die ‚Rosine' an der Stirn, alle Frommen haben sie!" So hatte auch ich schnell gelernt, lieber bei dem alten Kaufmann mit Bart als bei dem jungen mit dem kecken Blick zu kaufen. Jemand, der viel und inbrünstig betet, ist am Gebetsfleck zu erkennen, einer dunklen Stelle, die sich im oberen Teil der Stirn abzeichnet. Sharif bekommt sein „Bet-Horn", wie er die „Rosine" auch nennt, meist im Ramadan, weil er inbrünstiger betet, den Kopf stärker als sonst bei der fünfmal pro Tag vollzogenen Verneigung vor Allah auf den Boden presst. Doch da er diese Saison zum Beten meist meine Yogamatte benutzt, wird sich das Wachsen der, wie ich finde, unschönen, dunkel gefärbten Hornhaut am Vorderkopf hoffentlich vermeiden lassen.

Platsch! Ein Bröckchen Reis fällt auf den Raststättenboden. Wenn Sharif schon auf sein Recht pocht, mit den Händen zu essen, warum schafft er es mit seinen dreißig Jahren dann immer noch nicht fehlerfrei? Er sieht meinen spöttelnden Blick und grinst. „Natürlich ist Besteck hygienischer, aber es wühlt ja auch nicht jeder überall im Topf herum, jeder hat seinen eigenen Teil, von dem er isst. Das ist Tradition, das ist ein Stück Gemeinsamkeit, Familienleben. Ihr Europäer versteht das nicht."

„Was verstehe ich nicht? Dass ihr lieber Wegwerf-Plastiktischdecken benutzt als Esskultur in eure archaische Gesellschaft einzuführen, weil ihr gerne alles vollkleckert? Und die Frauen und Kinder nur die Reste bekommen?" – „Ja, aber das ist normal. Zuerst speisen das Familienoberhaupt und der Gast. Wenn eine arme Familie sich eben nur zwei Kilo Fleisch leisten kann, dann ist klar, dass sich der Gast zuerst satt essen darf. Aber das weißt du doch, das muss ich dir doch nicht erzählen."

Rico fragt verwundert: „Wie, in Arabien hockt ihr echt alle auf dem Boden und esst mit den Händen? Hat euch noch keiner beigebracht, Besteck zu benutzen? Und die Frauen kriegen nur die Reste? Ihr seid ja krass! Euch muss man nicht nur Besteck, sondern auch Anstand beibringen!", empört er sich.

„Beibringen, beigebracht, jetzt hör mal gut zu, was wir euch alles beigebracht haben! Die ganzen Wissenschaften wurden von muslimischen Gelehrten ins Leben gerufen, Mathematik, Astronomie, Medizin, alles. Ja, die ganze Mathematik, warum heißt das denn Algebra, warum hat das Wort wohl die Silbe ‚Al-'? Weil das alles Arabisch ist, ganz klar!"

„Erzähl doch keine Märchen", werfe ich ein, „die Wissenschaft habt ihr von den Griechen, die Kultur von den Persern abgeschaut und zugegeben erstklassig weiterentwickelt. Und euer Heiliges Buch: Entschuldige, ihr wart erst die Dritten, die sich auf Abraham berufen haben. Vor Muhammad, bevor der Islam auf euch niederkam, war eure einzige Errungenschaft, Kamele zu domestizieren. Und, ja, eins habt ihr noch erfunden: die Dichtung. Klar, man muss sich ja auch irgendwie die Zeit vertreiben, wenn man tausendundein Jahr lang mit den

Kamelen unterm Sternenhimmel sitzt. Und als Sahnehäubchen erfindet ein Beduine in einer Vollmondnacht so komplizierte Metren, dass niemals Gedichte in ihnen verfasst wurden. Und da die Kultur so zivilisiert und hochtrabend ist, fällt den Dichter-Beduinen nichts Besseres ein, als die Versmaße nach Pflock und Zelt zu benennen. Dann aber, kaum habt ihr euren eigenen Propheten gehabt, erfindet ihr im 8. Jahrhundert eine so schwierige Schriftsprache, dass niemand sie wirklich korrekt sprechen, geschweige denn schreiben kann. Außer nach vier Jahren kalligrafischer Schreibschule und 21 Jahren Qur'an-Studium in einem Wüstenkloster. Routenplanung in der Wüste, Sternennavigation – ein Punkt geht nach Arabien, O. K.; aber das habt ihr auch nur entwickelt, weil eure Kamele sonst blindlings von Wasserloch zu Wasserloch gestolpert wären. Na, ihr seid bestimmt ein paar Jahrhunderte blindlings mitgestolpert. Und weil die Kamelerziehung mit Stockschlägen so gut geklappt hat, behandelt ihr eure Frauen bis heute so. Iss ruhig weiter mit den Händen, Sharif."

Wir beide, die wir unseren interkulturellen Dialog auf vielen Ebenen spielerisch betreiben, sind jetzt bei unserem Lieblingsspielchen, dem Rhetorikstreit, angekommen, den schon die Araber in der Dschahiliya kultivierten. Herrlich, wenn ich ihm Klischees, die ich aufgrund meines Studiums mit Wissen unterfüttern kann, an den Kopf werfe. Mittlerweile kenne ich viele seiner Argumente und ihn selbst so gut, dass ich um seine Antworten weiß, noch ehe er sie ausgesprochen hat. Denn es gibt kaum eine interkulturelle Debatte, die wir noch nicht ausführlich und auf angemessenem, akademischem Niveau ausgefochten haben. Jede an der Universität gelernte Koransure, jede im Arabistik-Seminar gehörte Anekdote über die Araber in ihrer Dschahiliya bespreche ich seitdem mit ihm. Sein Wissen, seine Argumente lasse ich wiederum an der Universität prüfen. Noch nie hat er mir eine Fehlinformation gegeben oder mich gar angelogen. Wenn er etwas nicht direkt beantworten kann, bittet er um Zeit und fragt seinen Imam. Mein Partner: ein Qur'an-fester Mann, ein guter westeuropäischer Muslim.

„Ts, ts, ts, da studierst du gerade mal vier Semester Arabistik und wirst schon so frech … Ja, aber du hast gut aufgepasst an der Uni, stimmt schon, was du sagst. Deshalb: Traue keinem Araber, wenn er nicht ein praktizierender Muslim ist – mit allem, was dazugehört. Die ersten Muslime haben ganz Westasien ohne einen Schwertstreich für sich gewonnen. Deshalb wollten die Menschen auch Muslime werden, weil die Eroberer so nette Leute waren. Euer Europa im Mittelalter war noch ein einziger Schweinetrog, als wir schon die Alhambra in Granada gebaut und den bis heute schönsten Garten der Welt dank Fliesen und Bewässerungssystem möglich gemacht haben. Während eine eurer kulturellen Eigenschaften zu jener Zeit die Hexenverbrennung war."

Rico schaut skeptisch zwischen uns beiden hin und her. „Seid ihr sicher, dass ihr zusammen diese Reise machen wollt? Haltet ihr es einen Monat zusammen im Bus aus?" Ich antworte: „Hey, Rico, wir haben noch über dreitausend Kilometer vor uns. Und der Versuch, den Islam zu verstehen, ist doch eine ziemlich dufte Aufgabe. Ich probiere es seit sechs Jahren, und noch nie ist mir dabei langweilig geworden. Sharif und ich kommen super miteinander aus." – „Ja, solange die Frau gehorcht. Jasna, ist dir aufgefallen, wie gut alles klappt, wenn du einfach genau das tust, was ich sage?" – „Ja", antworte ich, „klar gehorche ich deinen Anweisungen, und da Verstand im Umgang mit Arabern nicht weiterhilft, schalte ich meinen einfach aus und mache das Gegenteil von dem, was du sagst. So habe ich, ohne nachdenken zu müssen, genau das getan, was mein Verstand mir raten würde. So klappt's dann wirklich einfach super", erkläre ich Rico lachend. Sharif schmunzelt.

Während ich nach dieser Debatte gutgelaunt in der lauen tschechischen Sommernacht abwasche, fachsimpeln die Herren noch über die in rund tausend Kilometern anstehenden Reparaturen unseres Gefährts. Sharif hat einen entfernten Verwandten in der Gegend um Belgrad, bei dem wir schon für eine kostenlose Generalüberholung zu unbestimmtem Zeitpunkt angemeldet sind. So lange soll Rico die „Karre fit halten", wie Sharif sich ausdrückt, was unserem Mechaniker schon im Vorfeld Kopfzerbrechen bereitet. Er habe kein richtiges Werkzeug, er brauche zur Reparatur eine Grube oder eine Hebebühne, die Beleuchtung müsse stimmen, er brauche Kollegen, mit denen er sich beraten könne. Überhaupt, meint Rico, dürfe man ein Auto doch nicht immer nur flicken, man müsse es richtig machen, was nur ginge, wenn die Voraussetzungen stimmten.

Man muss kein Arabien-Experte sein, um zu wissen, dass Autos auch auf andere Weise als in Mercedes-Vertragswerkstätten wieder fahrtauglich gemacht werden können. So viel hatte selbst ich als technisch Desinteressierte verstanden: Sharif und mit ihm die gesamte arabische Welt lieben die deutschen Dieselautos mit dem Stern, da sie praktisch unzerstörbar und bei Problemen meist mit Hilfe einiger Axthiebe – mit dem stumpfen Ende – reparabel sind. Rico, der außer einem Ukraine-Trip mit uns keine weitere Auslandserfahrung besitzt, hat noch nicht die geringste Ahnung von dem, was er auf dieser Reise noch alles lernen wird. Nicht nur in beruflicher, auch in interkultureller Hinsicht stehen ihm noch einige Herausforderungen bevor.

Sharif schließt den schmächtigen Rico liebevoll in seine Arme, drückt ihn an seine breite Brust und beginnt, unserem Mechaniker ansatzweise zu erklären, wie sein Job außerhalb der EU funktioniert. „Weißt du, bei uns gibt es keine berufliche Ausbildung im dualen System, EU-gefördert und mit Auslandsjahr, Praktika und all dem luxuriösen Kram. Wenn du als junger Araber gerne an Karren schraubst und dich nicht allzu dumm anstellst, bist du bei uns fast schon Mechaniker. Und wenn du oder deine Verwandten jemanden kennen, der sich mit Reparaturen auskennt und gutes Werkzeug oder gar eine Werkstatt besitzt, bist du praktisch schon Azubi. Die meisten Autos in der arabischen Welt sind uralte Importe aus Europa. Du wirst ausflippen, wenn du ab Syrien die Oldtimer sehen wirst! Die neueren Modelle sind verschifft worden, als in der EU die Katalysatorenregelung in Kraft trat, wir Araber leben ja in Bezug auf Umweltschutz etwas hinter dem Mond. Und du wirst sehen: Auch ohne Grube und ohne einen unbezahlbaren KFZ-Meister fahren die Dinger nach dreißig Jahren immer noch wie geschmiert!"

Rico und Sharif sind trotz der kulturellen und kulinarischen Differenzen wieder gut miteinander, ich stelle das Mitternachtsmahl bereit, wasche mich auf der den EU-Maßstäben perfekt entsprechenden Raststätte und lege mich in die hintere Schlafkoje. Die ursprüngliche Ansage Sharifs, dass Rico nachts stets sein Zelt aufzubauen habe, haben wir bereits verworfen. Rico, der als Feldjäger eine campingintensive Zeit bei der Bundeswehr verbracht hat, hatte dem allnächtlichen Campen auf freier Flur anfangs begeistert zugestimmt, damit Sharif und ich uns nicht einen Schlafplatz teilen müssen. Doch da wir bislang nur auf geteerten Autobahnraststätten in der Tschechischen Republik geschlafen hatten, war diese Variante schlicht nicht praktikabel. So überlasse ich Rico den mir zugedachten Schlafplatz in der Mitte des Busses, der nach dem Umbau der beiden Sitzbänke entsteht. Ich lege mich in Sharifs geräumige Schlafkoje und mache mich in meinem Schlafsack klein. Er legt sich in seinem Schlafsack mit den

Füßen in Richtung meines Kopfes, und eine für mich sehr unbequeme, aber islamisch halbwegs korrekte Schlafposition ist gefunden. Wie sagte schon der Prophet: „Die größte Versuchung, der ihr auf Erden begegnet, sind die Frauen", und obwohl Sharif stets versucht, ein guter Muslim zu sein, so ist er doch, wie er selten und ungern zugibt, „auch nur ein Mann." Wobei nicht vergessen werden darf, dass ein Mann und eine Frau nie alleine in einem Raum sein können: „Auch wenn sie dem Anschein nach nur zu zweit sind, so ist doch der Teufel immer der Dritte im Raume."

Im Gegenzug für meine aufopfernde Schlafposition ist Sharif bei seinem Mitternachtsmahl und seinem Frühstück vor dem ersten Gebet vor Sonnenaufgang sehr leise und rücksichtsvoll. Wir Ungläubigen werden von seinen religiösen Ritualen nicht gestört. Als Rico und ich gegen neun Uhr aufwachen, geben wir uns ebensolche Mühe, unseren Fahrer nicht zu wecken, der es trotz der Reise ganz der arabischen Ramadan-Tradition gemäß vorzieht, bis mittags zu schlafen. Ab Mittag erwarten ihn schließlich wieder Hunger und vor allem Durst.

Nach dem Duhur, dem zweiten, dem Mittagsgebet, fahren wir in Brno ein. Während Rico und ich das Kapuzinerkloster und die idyllisch auf einem grünen Hügel gelegene Zitadelle, die den Habsburgern bis 1855 als Gefängnis für ihre Widersacher diente, besichtigen, trifft Sharif seine Brüder in einer der beiden Moscheen des Landes. Auf Englisch, wie er mir später erzählt, habe er mit seinen Brüdern aus Bosnien, die den Großteil der Betenden bildeten, gesprochen. Er habe aber auch Syrer, Irakis und Palästinenser getroffen, Flüchtlinge und Studenten. Sie würden sich zwar in Tschechien willkommen fühlen, aber viele der rund zehn Millionen Tschechen wüssten kaum etwas über den Islam, eine Religion, die von gerade mal 10 000 bis 20 000 Menschen im Land ausgeübt wird. Doch nach dem Bau der Brnoer Moschee 1998 und nach der Anerkennung als Religionsgemeinschaft 2004 seien sie sich sicher, dass sie „ein Stück neue Heimat" gefunden hätten, in der sie „endlich akzeptiert" würden, berichtet Sharif.

Den Grenzübergang zwischen der tschechischen und der slowakischen Republik passieren wir schnell. In der Slowakei haben es Glaubensgemeinschaften mit weniger als 20000 Anhängern schwer, da ihnen, wie vor 2004 auch in Tschechien, kein offizieller Status zuerkannt wird. Die rund drei- bis fünftausend Muslime in der Slowakei dürfen demnach keine Moschee errichten. Es gibt aber in den Orten Martin und Košice Gemeinden, die sich Gebetsräume gemietet haben, ebenso in Bratislava, wo die meisten Muslime leben. Es sind Flüchtlinge und Studierende, die aus Albanien, aus der Türkei, Bosnien und dem Nahen Osten kommen. Auf den Besuch des Bratislaver Gebetsraumes verzichtet Sharif, so dass wir nach einem problemlos, fast geschmeidig verlaufenden Iftar an einem idyllischen Rastplatz – es sind noch genügend Reste im Kühlschrank, die ich nur pünktlich aufwärmen muss – nach Ungarn einreisen können. Einen Scherz mit meinem Namen machen nun auch die slowakischen Grenzer bei der Ausreise. Sie verlangen, dass Sharif ihnen das Häschen, das er gefangen habe, vorzeigen solle. Davon, dass ein Drittel der heutigen Slowakei im 17. Jahrhundert für einige Jahrzehnte zum Osmanischen Reich gehörte, bemerken wir nichts. Ähnlich wird es uns in Ungarn gehen, wobei das junge EU-Mitgliedsland immerhin von 1526 bis 1686 ein Millet, ein Verwaltungsgebiet der Osmanen, war. Wir schlafen auf einer Raststätte irgendwo an der ungarischen Fernstraße M1, in Transdanubien, zwischen Komárom und Tatabánya, bei Kilometer 800.

Kapitel 3

Von der Slowakei über Ungarn nach Serbien

Budapest – 866 Kilometer von Berlin

Am späten Vormittag erreichen wir Budapest. Wir suchen einen Parkplatz in der Stadt. Sharif will sich die anderthalb Stunden bis zum Mittagsgebet wieder hinlegen. Rico und ich besichtigen den prächtig herausgeputzten Stadtkern, der kaum noch an den jahrzehntelangen Sozialismus erinnert. Die Menschen geben sich modern, die Jugendmode ist wild und schrill, ähnlich wie in Berlin scheint in dieser Saison der Achtzigerjahre-Revival-Look angesagt zu sein. Auffallend im Straßenbild sind die vielen Obdachlosen, ältere wie jüngere Menschen, und streunende Sinti- und Roma-Kinder. Doch Straßenmusiker, -maler und Pantomimen heitern das schon zum Großteil westlich geprägte Bild der Innenstadt wieder auf.

Wir besichtigen die wunderschöne, üppig mit Gold verzierte jüdische Synagoge an der Dohány-Straße, die größte Europas, die zweitgrößte der Welt, erbaut zwischen 1854 und 1859. Von den rund 100 000 ungarischen Juden lebt ein Großteil in Budapest, doch sind nur 15 000 in der jüdischen Gemeinde aktiv. Zu groß ist die Angst vor Antisemitismus, der mit der Aufsplitterung der ungarischen Gesellschaft nach dem Fall des Eisernen Vorhangs auf dem Vormarsch ist. Trotzdem gibt es aktives jüdisches Leben rings um das Synagogen-

viertel, um die Tabakstraße herum, es gibt Antiquitäten-
geschäfte, in denen Judaika, und Lebensmittelgeschäfte, in
denen koschere Erzeugnisse verkauft werden. Ich kaufe zwei
Kilo koscheres Fleisch für Sharif, da ich nicht weiß, ob er es
bei nur 3200 Muslimen unter rund zehn Millionen Ungarn
schafft, einen Schlachter zu finden, der die Tiere „halal", islamisch und jüdisch korrekt, aber ethisch unkorrekt, schächtet
und ausbluten lässt.

Obwohl die meisten Moscheen nach dem Sieg der Habs-
burger über die Osmanen 1686 zerstört oder zu Kirchen umgebaut wurden und es kein offenes, aktives muslimisches Leben in Budapest gibt, findet Sharif eine Moschee. Er fragt
Falafelverkäufer, schiitische Iraker, die seit dem Zweiten Golf-
krieg hier leben, nach dem Weg. Die Iraker selbst wissen
nichts von einer aktiven Gemeinde in der ungarischen Hauptstadt, nur von einigen palästinensischen und vielen irakischen
Flüchtlingen. In einem heruntergekommenen Viertel unweit
des frisch herausgeputzten Zentrums steht das verfallene, ge-
schlossene Gotteshaus. Ein klares Zeichen für die fehlende Re-
ligiosität der hier lebenden Muslime sei das, befindet mein fas-
tender Freund, oder, anders betrachtet, für übereifrigen
Integrationswillen. Oder auch Integration aus Angst vor Anfeindungen, ähnlich dem Antisemitismus gegenüber den hiesigen Juden? Mein Araber ist etwas enttäuscht, nun muss er
sein Mittagsgebet mit meiner Yogamatte auf einem Parkplatz
erledigen. Anders als das Tankstellenbeten geht dies mit neugierigen Zuschauern und verständnislosen Blicken der Passanten einher. Doch was soll er tun, noch sind es 1089 Kilometer
bis ins nächste islamische Land, in dem auf der Straße Betende nicht kopfschüttelnd, sondern respektvoll betrachtet
werden. Über mein Mitbringsel, das koschere Fleisch, freut er
sich, obwohl er es, streng genommen, nicht essen darf. „Aber
doch, eigentlich darf ich, aber nicht so richtig – die Erklärung

ist kompliziert, die gebe ich dir später. Erst einmal danke, dann gibt's also heute Abend koscheres Gulasch, super!", freut sich Sharif.

Wir verlassen Budapest auf der nach Süden führenden Autobahn Richtung Szeged und fahren durch die Puszta. Zur Besichtigung des auf dem Weg liegenden Biosphärenreservats, des Nationalparks Kiskunság, haben wir nach Sharifs Routenberechnungen leider keine Zeit. Nach rund hundert Kilometern beseitigt Rico in einer fünfminütigen Reparaturaktion ein schrappendes Geräusch, das aus dem Motor kommt – bei voller Fahrt, bei 80 Stundenkilometern. Nach einer kurzen akustischen Diagnose lasse ich Rico auf den Beifahrersitz, er nimmt die Verkleidung des Motors ab und kriecht, bei seiner schmächtigen Statur kein Problem, fast in den Motor hinein. Es ist der Dieselschlauch, der statt mit einem Draht wohl von Sharif mit einer seiner Lieblingsutensilien, einem Kabelbinder, befestigt wurde. Nun will diese Konstruktion ihren Dienst nicht mehr versehen. Improvisationshalbwertzeit: abgelaufen. Rico bastelt ehrgeizig eine neue Drahtschlaufe, und das Problem ist behoben. Unser Mechaniker ist stolz auf sein neu entdecktes Talent. „Schaut mal, es geht, es geht!", ruft er uns strahlend zu. Sharif erwidert nur lässig: „Sag ich doch. Geht alles!"

Wir fahren in bester Stimmung den sonnigen Nachmittag über durch das schöne, grüne, blühende Ungarn im Spätsommer. Obstbäume, einzelne Gehöfte, Tabak- und Sonnenblumenfelder säumen unseren Weg durch die große, weite Ebene jenes europäischen Teiles des ehemaligen Osmanischen Reiches. Wir passieren die wichtigste Stadt in der Puszta, Szeged, in der die Flüsse Marosch und Theiß ineinander münden. Rico und Sharif ruhen sich kurz am Ufer des Flusses Tisza, wie die Theiß auf Ungarisch heißt, aus, während ich mit unserem Fahrrad eine schnelle Tour durch die Stadt machen kann.

Wunderschön, grün und weitläufig ist der historische Stadtkern mit dem Jugendstil-Rathaus, den verspielten Brunnen und eleganten klassizistischen Skulpturen – ich liebe Europa. Die private Zeit nutze ich für die Besichtigung von drei wunderschönen Gotteshäusern. In der 1930 vollendeten Votivkirche, der viertgrößten Kirche Ungarns für bis zu fünftausend Gläubige, und in der serbisch-orthodoxen Kirche, gebaut 1778, genieße ich die architektonischen Errungenschaften des Christentums. Die beiden Kirchen wie auch die 1898 geschaffene prunkvolle Synagoge erinnern mich eindringlich daran, dass es noch anderes als den Islam auf dieser Welt gibt. Es ist mir ein kultureller Hochgenuss, die viertgrößte Stadt Ungarns alleine besichtigen zu können. Ich sehe nur ein kleines islamisches Gebetshaus, das, wie schon die Moschee in Budapest, geschlossen ist. In Ungarn leben nach der letzten Volkszählung 2001 überhaupt nur 0,03 Prozent Muslime, in Szeged sollen es rund dreißig bis vierzig syrische und ägyptische Studenten sein. Diese scheinen aber entweder schlechte Muslime zu sein, da sie im Ramadan offenbar keine Moscheen bräuchten, wie mir Sharif später erklärt – oder aber so gute Muslime, dass sie den Ramadan löblicherweise bei ihren Familien in Arabien verbrächten. Fakt ist: Der Islam ist in Ungarn, auch hier in Szeged, nicht präsent, im Gegensatz zum Judentum, das sich hier schon im 3. Jahrhundert nach Christus ansiedelte, als die Region als römische Provinz noch Pannonien hieß. Neben der Synagoge zeugen ein jüdischer Friedhof, ein jüdisches Altersheim und andere gemeinnützige Einrichtungen von jüdischem Leben in der Stadt. Denn in Szeged leben heute noch rund vierhundert Juden, die meisten sind Holocaust-Überlebende.

Dass der Islam in unserem Bus, in meinem täglichen Leben so intensiv stattfindet – nun, auf dieses Experiment habe ich mich bewusst und mit Vergnügen eingelassen. Wir fahren weiter, wollen schauen, wie weit der Motor uns bringen wird, und setzen uns, jetzt schon wenige Kilometer vor der ungarisch-serbischen Grenze, keinen konkreten Zeitplan für die Strecke nach Belgrad.

Kurz darauf, ich bin gerade am Anpreisen der Iftar-Abendkarte, höre ich ein neues, sonderbares Geräusch im hinteren, unteren Teil unseres Gefährts. Nachdem Sharif Rico den Auftrag erteilt hat, sich in die Schlafkoje im Heck zu legen und die Quelle des Geräusches zu eruieren, verständigen sich die Männer schnell: Wir müssen sofort rechts ranfahren. Der Auspuff! Sharif macht eine Notbremsung, das stumpfe Wummern scheint zu bedeuten, dass unser Auspuff kurz vorm Abfallen ist. Rico hockt sich in seiner burschikosen Exturner-Gelenkigkeit auf dem Seitenstreifen vom „Autoput" (zu Deutsch: Autoweg) in Richtung Serbien schräg unter den Bus. In mittlerweile liebgewonnenem Sächsisch klagt er: „Au, au, au ... das wird schwierig ..." Sharif, der sich trotz seiner stämmigen Statur flugs elegant unter den Bus geschlängelt hat, geht anders an den Schaden heran.

Der uralte Auspuff ist in zwei Teile gebrochen, die beide abzufallen drohen. Doch das ist in Sharifs Augen noch kein Grund, den kostenpflichtigen ungarischen Vertragspartner des ADAC zu rufen. Das Problem kann auf arabische Weise aus der Welt geschafft werden, Improvisation muss wieder einmal reichen. „Mensch, Rico, wir sind hier nicht in der Vorzeigewerkstatt von Mercedes Leipzig-Grimma! Meine Jungs in Serbien machen uns die Karre wieder richtig flott. Aber jetzt musst du ran. Der Auspuff fällt gleich ab, mach mal! Das Ding muss nur 250 Kilometer halten!" Sharif zieht sich unter dem Bus hervor, springt auf, schüttelt sich, wischt sich in einer säubernd-klatschenden Bewegung die Hände und macht die Reparaturansage. „Pass auf, Rico, du schnappst dir die Alufolie, hier hast du die Werkzeugkiste, ich geb dir Draht zum Anbinden, los geht's!"

Rico macht sich an die Arbeit. Nach fünf Minuten ist das kleine Alukunstwerk vollbracht. Der Monteur staunt über sich selbst, hüpft ein wenig herum und schlägt dann vor lauter Freude ein Rad am Straßenrand. Sharif klopft ihm anerkennend auf die Schulter: „Bis wir in Syrien sind, bist du schon ein richtiger arabischer Mechaniker. Dann kannst du die zehn Monate Regenwetter und Hartz IV in Deutschland vergessen, da haste dann gleich einen Job!" Wir können, begleitet von dem gleichmäßigen Schnurren des Motors und dem knurrenden Aufheulen des Fahrer-Magens, den Balkan via Serbien entern.

Vor der Einfahrt fürchten Sharif und ich uns ein wenig. Weder mein Kollege als Muslim noch ich als halbe Kroatin rechnen mit übermäßiger Gastfreundschaft. Den Gebetsteppich, der bei mir auf der Beifahrerablage seinen Platz gefunden hat, verstaue ich im Handschuhfach. Warum haben wir überhaupt einen dabei, frage ich mich, dieses ungeeignete, weil nicht dick genug gewebte Ding, wo Sharif doch ständig meine Yogamatte benutzt; besser so, als dass ihm sein „Bet-Horn" wächst. Denn: Unter keinen Umständen wollen wir unnötig Aufsehen erregen. Unsere beiden Pässe weisen genug Stempel auf von vorhergehenden Reisen in arabische und osteuropäische Länder. Für einen jungen, übereifrigen Anti-Terror-Fahnder müssten wir interessant genug für intensive Befragungen sein. Daher wird Sharif nicht müde, mir vor Grenzübertritten selbstbewusst zu erklären, dass ich ihn, wie immer, nur machen lassen solle. Ich solle einfach nett lächeln und nichts sagen außer meinem Namen, wenn ich gefragt würde. Uninteressiert und freundlich solle ich mich geben. „Travellers, students. We go to Turkey to see the world."

Dass wir Journalisten sind, wollen wir nur im Notfall preisgeben. Undercover reist es sich einfach freier in Ländern, die, wie Serbien, laut „Reporter ohne Grenzen" auf Platz 77 der

Schwarzen Liste der Pressefreiheit rangieren, oder einem Land wie Syrien, das sich noch weiter unten auf der Liste findet: Die Syrer belegen Platz 155 und liegen damit noch hinter der Ukraine auf Platz 139, die wir 2005 für eine Reportage besuchten.

Vor der Einreise mit frisch improvisiertem Auspuff liegen nur noch ein gelungenes Mahl und die serbische Grenze. Da ich verstanden habe, wie Sharif seine religiös intensiv empfundene Mahlzeit, zu der sich noch persönlicher bzw. familiärer Ritus hinzugesellt, wünscht, versuche ich, seinem Bedürfnis, so gut es geht, zu entsprechen. Schließlich fährt mich dieser Mann täglich unter körperlichen Strapazen durch die Lande, betet treu und pünktlich zu Gott, schaut mich nie unsittlich an und bemüht sich redlich, uns seine Pein des Tages nicht spüren zu lassen – solange es geht.

An der vorerst letzten nach EU-Maßstab sauberen Raststätte machen wir unsere tägliche Pause zum Sonnenuntergang. Wir füllen alle möglichen Kanister mit gutem EU-Wasser, um nicht zu den Gebetszeiten von Tankstellen abhängig zu sein. Ich beginne, die Suppe zu kochen, stelle die Saftschorle bereit, schneide Salat und bereite auf der anderen Flamme den Hauptgang zu. Heute gibt es Kartoffelschnitze, das koschere Budapester Fleisch als Gulasch mit Zwiebeln und Soße, ungarisch, und von mir im orientalischen Stil individuell kombiniert mit Paprika, Honig, Kreuzkümmel und Sambal Olek. Nachdem Sharif sich wie immer ausführlich gewaschen hat, verlangt er nach seinen saudischen Datteln, den Datteln, mit denen er stets das Ritual einleitet. Leider kann ich sie nicht gleich finden, Rico scheint sie auf der Suche nach einer Schleckerei während der Tagesetappe verkramt zu haben. Nun sucht er in der engen Busküche seine Koch-Utensilien zusammen.

Sharif wird unruhig bis an die Grenze zum Aggressiven, da ihm nur noch wenige Minuten bis zum Sonnenuntergang bleiben und von den saudischen Datteln immer noch jede Spur fehlt. „Habibti (,Liebling'), jalla, wo sind meine Datteln?", höre ich es von draußen rufen. Ich entschuldige mich damit, dass Rico sein Schwein suchen müsse und daher den Weg zum Vorratsschrank blockiere. Mir ist klar, dass ich Rico damit einen echten Vor-Iftar-Anschnauzer beschere. Selbstverständlich hat Sharif in den letzten Minuten vor Sonnenuntergang kein Verständnis für Schweinetopf-Kramereien.

„Rico, jetzt raus mit dir aus dem Bus! Ich muss gleich essen und die Datteln sind untergetaucht! Lass Jasna die mal suchen, ich hab meinen Termin!" Rico jammert nur ein wenig, dass er kochen wolle, hungrig sei, sein Schwein nicht finde – woraufhin Sharif ihm nebenbei zuwirft, dass das Schweinefleisch zusammen mit seinem in den Bus geschmuggelten tschechischen Bier in einem kleinen Fach verstaut sei, in dem wir auch unsere Schuhe aufbewahren. Bevor Rico klein beigibt, jammert er über den schlechten Umgang mit seinem deutschen Essen, dann bemerkt er noch, dass er das Drama um das abendliche Essen nicht verstehe. Schließlich seien in der Küche zig (die falschen, die iranischen) Datteln, Suppe, Salat und duftend brodelndes Rindfleisch in Vorbereitung. „Hab dich mal nicht so mit deinem Essen, bist eh dick genug", tönt der Sachse. Als er merkt, dass er sich gegenüber dem sterbenshungrigen Sharif im Ton vergriffen hat, fügt er noch leise etwas in der Art von „Das versteh ich nicht, so ein Stress, dabei ist hier alles voller Datteln und Essen ..." hinzu, nimmt sich ein paar Cracker und verzieht sich aus dem Bus, hinaus zu Sharif, der schon in Betposition der richtigen Datteln harrt. Als ich im Küchenbereich endlich wirken kann, wie ich will, tauchen die saudischen Früchte bald wieder auf – auf die Sekunde pünktlich zum Sonnenuntergang! Alhamdulillah, Gott sei gedankt! Sharif hockt sich im Schneidersitz auf meine Matte, spricht leise seine „Im Namen des Herrn"-Formel und genießt langsam seine erste, saftige Dattel des Tages. Als er sich nach Verzehr seines zum Fastenbrechen gehörenden Getränks zwecks schnellen Gebets gen Mekka verzieht, serviere ich das abendliche Mahl in zügiger Abfolge aus meiner Küche heraus. Sharif strahlt, als er vom Beten kommt, ich lächele ihn an: wieder eine bestandene Tagesetappe, beide haben wir unsere Aufgaben mit Bravour gemeistert.

Unser Kleiner macht große Augen, als er das voll beladene Silbertablett sieht, auf dem ich die Speisen angerichtet habe. Natürlich will er mitessen, natürlich ermahnt Sharif ihn, dass er doch sein eigenes Essen in seinem eigenen Schweinetopf kochen solle. Die von mir zubereiteten Gerichte werden schließlich noch nach der Abendetappe um Mitternacht weiter verspeist, es ist undenkbar, dass Rico etwas außer Salat abbekommen kann, und das auch nur aus Barmherzigkeit, da wir uns bei all den Fertigprodukten ein wenig um Ricos Vitaminhaushalt sorgen. Doch Rico hat ein dickes Fell und nimmt Anschnauzer mit Humor, so wärmt er sein Fertiggulasch auf, und bald sitzen wir alle satt und besänftigt in der lauen Abendbrise auf unseren letzten Kilometern im gefühlten Westeuropa. Rico, der es in Tschechien geschafft hat, Bier in den Bus zu schmuggeln, freut sich, dass Sharif das „Vergehen" kommentarlos duldet, und öffnet sich eine Dose.

Noch spiele ich Sharifs und mein Spiel der islamischen Vorzeige-Rollenaufteilung perfekt, doch ich freue mich schon sehr auf einen individuell gestaltbaren Tag mit meinen serbischen Freunden in Belgrad, der für mich ausnahmsweise komplett Ramadan-frei ablaufen wird. Seit der Abfahrt in Berlin bin ich mit meinem serbischen Freund Mirko in Kontakt, der sich ebenso auf seinen internationalen Besuch freut.

Ich hoffe auf ein Zusammentreffen mit jungen urbanen Europäern, obwohl ich durch Gespräche mit Mirko bereits weiß, dass die serbische Hauptstadt alles andere als ein freundliches

Willkommen gegenüber Fremden verspricht. Doch ich weiß auch, dass ich bei der Einführung in die junge Intelligenzija Belgrads auf Mirko zählen kann, schließlich war er mir auch schon ein treuer Begleiter und verlässlicher Ersatzkameramann in Damaskus gewesen. Damals half er mir aus einer unmöglichen Arbeitsbedingung, in die ich als freie Journalistin für die Deutsche Welle geraten war, er organisierte im totalitären syrischen Pressesystem eine – illegale – Kamera, so dass ich meinen Auftrag erfüllen konnte.

Serbien – 1060 Kilometer von Berlin

Wir nähern uns der serbischen Grenze.
Unser Weg wird uns durch die Vojvodina, die Kornkammer Serbiens, nach Belgrad führen. Bis zum Ende des Ersten Weltkriegs gehörte diese Provinz in der Pannonischen Tiefebene zu Österreich-Ungarn. Und war davor, nach dem Fall Belgrads 1521, für 346 Jahre bis zur Befreiung 1867 osmanisches Millet, ein türkischer Verwaltungsbezirk. Diese Region verbindet keine Freundschaft mit dem Islam, nicht zuletzt aufgrund der „Knabenlese", einer Art „Sonderabgabe" für Christen. Die Janitscharen, die Elitetruppe des Osmanischen Reiches, erhoben diese Art menschliche Steuer nach wechselnden Kriterien und entführten seit 1330 über Jahrhunderte hinweg heranwachsende Christen, um sie zu Elitesoldaten auszubilden.

Es gibt jährlich hunderte von gewalttätigen Übergriffen auf Nicht-Serben, wie die Heinrich-Böll-Stiftung in ihren erschreckenden Jahresberichten über die Region darlegt. Doch unsere aktuellen Sorgen vor der Einfahrt in ein Land, das derzeit im traurigen Gegensatz zu anderen Staaten des ehemaligen Ostblocks noch totalitär geführt, von Korruption bestimmt wird und keinerlei Umbruchsbestrebungen zeigt, sind andere. Wie werden wir als Multikulti-Mobil, vollgestopft mit Nahrungsmitteln und Kommunikations-Hightech, empfangen?

Jeder mitgeführte Artikel, der nach Ansicht der serbischen Zollbeamten den Wert von 100 Euro übersteigt, hätte theoretisch einer Einfuhrerklärung bedurft. Wir haben eine Fernsehkamera, mehrere Laptops, Fotoapparate und Mobiltelefone dabei, dazu mein hochwertiges Mountainbike und Sharifs unangemeldetes Motorrad. Die Neupreise würden nach serbischem Preisverständnis insgesamt sicherlich in die Tausende gehen. Als ich bei der Recherche für die Tour auf diese Einreisebestimmung stieß, erntete ich Unverständnis für meine Bedenken. Sharif hofft bei den „Mit-Gottes-Hilfe-wird-das-schon"-Aktionen stets auf den Erfolg einer Strategie, die auf menschliche Schwäche zielt: Mitten in der Nacht sollen wir meist müde Grenzer erwischen, die keine Lust haben, einen vermeintlichen Hippie-Bus mit ungewaschenem Geschirr zu durchsuchen. Denn nach dem letzten Abendessen, vor der Einreise in ein neues Land, darf ich nicht abwaschen. Sharif zählt auf gutmütige Beamte und die abschreckende Wirkung unserer kleinen schmutzigen Küche. Auch wenn auf dem letzten Stück zur Grenze – bei abgedrehtem Gashahn – mal etwas durch den hinteren Bereich des Busses rumpelt und von seinem lockeren Stauplatz herabfällt. Normalerweise macht schlechte Bus-Organisation ihn rasend, nun ist sie Programm. Mein Fahrer ist ein Araber, man erkennt ihn unübersehbar als gläubigen Muslim, jetzt, da er sich im Heiligen Monat den kurz vor Abfahrt einmal elegant gestutzten Bart im Musketier-Stil stehen lässt. Von den Serben erwarten wir nichts Gutes: Wir rechnen mit Ressentiments uns beiden gegenüber. Ich als Halbkroatin werde mich später persönlich für den serbischen Verlust der jugoslawischen, also jetzt kroatischen Küste rechtfertigen müssen. Er als Muslim ist ohnehin verhasst.

Als wir das EU-Land Ungarn verlassen, markiert dies den Übergang von gefühltem Westeuropa zum Balkan. Die Werbetafeln werden schäbiger. Die Häuschen am Wegesrand schmutziger, einige sind verfallen. Sharif murmelt ein kleines Schutzgebet, auf dass wir unbeschadet durchkommen. Doch die Prozedur vor dem breiten Beton-Ungetüm, das den Grenzübergang markiert, überrascht uns vollkommen: Weder die ungarischen noch die serbischen Grenzbeamten machen sich die Mühe, in unseren alten Bus zu schauen. Nach kurzen Blicken in die Pässe winken sie uns einfach durch.

Es wird Nacht. Wir befinden uns auf dem legendären Autoput, der seit den 1960er Jahren Myriaden von familienurlaubenden Gastarbeitern und Autoschmugglern nach Kleinasien transportiert. Der Autoput wurde im damaligen Jugoslawien „Sama Jama" (etwa: „ausschließlich Löcher") genannt. Seitdem ist viel getan worden. Den Anfang machten jugoslawische sogenannte Freiwilligen-Brigaden, Schüler und Studenten im Dienste für das Vaterland, den mein Vater damals immer verweigern konnte. Er fuhr diese Strecke 1972 mit meiner Mutter bis nach Istanbul – damals, als die Adria noch Thunfische führte und man im Bosporus noch unbesorgt schwimmen konnte. Natürlich fuhren auch meine Eltern einen Mercedes, einen 180er. Müsste man die teils immer noch zweispurige, meistbefahrene Autobahn Südosteuropas nicht ständig mit Ostblock-LKWs teilen, wäre sie wundervoll idyllisch und mit ihren sanften Steigungen und den nur leichten Kurven sogar Oldtimer-tauglich. Selbst dann, wenn man keinen Mechaniker an Bord hätte.

Als morgiges Tagesziel steht Belgrad an. Wir wollen Mirko besuchen, den Lebensgefährten meiner syrischen Freundin und Assistentin Roula. Ich freue mich darauf, einen Eindruck vom Lebensgefühl in der serbischen Hauptstadt kurz nach der Abspaltung Montenegros zu erhaschen. Sharif und Rico wollen unseren Auspuff von muslimischen Brüdern in einer bereits bekannten Werkstatt kostenlos reparieren lassen.

In der ersten Nacht in Serbien erfreut sich der Leipziger derweil seines Lebens. Er hockt wie immer im Bus auf den hinteren Bänken und versucht, auf seinem kleinen mobilen Schwarz-Weiß-Apparat lokale Sender einzustellen. Möglichst schneefrei. Dass er die Sprache seines Fernsehers nicht mehr versteht, daran hat er sich seit Ungarn langsam gewöhnt und nimmt kulturelle Unterschiede in den TV-Shows nun interessiert und amüsiert zur Kenntnis. Zwischendurch lugt er hinter den Gardinen hervor, öffnet ein Fenster, fragt mittlerweile, ob er „eene roochen" dürfe. Da wir volle Wasserkanister haben, benötigen wir in dieser Nacht keine Raststätte. Wenige Kilometer vor Belgrad gibt es nach Mitternacht noch einen kleinen Fleisch-Snack für die Jungs, und wir schlafen das erste Mal in freier Natur. Auf einem Waldweg neben dem Autoput. Ohne Angst vor Überfällen, denn Sharif hat in diesen Situationen immer ein kleines Reisegebet, das den Schutz unseres Gefährts einschließt, auf den Lippen.

Belgrad – 1249 Kilometer von Berlin

Schon früh wecken uns die Geräusche der Natur. Endlich einmal dürfen wir den Tag mit Vogelgezwitscher im Wald anstatt mit LKW-Brummen auf der Autobahn beginnen. Die Luft duftet nach herrlichstem Spätsommer. Die Strahlen der Morgensonne finden ihren Weg durch die grau-rosa-gestreiften Vorhänge und lassen uns schon gegen neun Uhr gen Belgrad starten. Die unbändige Energie, die Allah uns mit diesem Morgen ganz offenkundig schenken will, bleibt auch dem dauerhungrigen Sharif nicht verschlossen. Ich rufe Mirko an, der in die Universität muss, mir aber verspricht, ab mittags Zeit zu haben. Wir verabreden uns an einem Parkplatz in der Vorstadt, der zentral gelegen ist und für uns leicht zu finden sein soll.

Bereits nach halbstündiger Fahrt erreichen wir die geometrisch angelegten, hässlichen Belgrader Trabantenstädte. Davon, dass hier schon im 5. Jahrtausend vor Christus gesiedelt wurde, zeugt nichts. Über Kilometer hinweg erstrecken sich die absonderlichsten, meist aber identisch konstruierten sozialistischen Bausünden. Das beeindruckendste Hochhaus entlang der Einfallstraße wird uns mit seiner erlesenen Hässlichkeit noch gute Dienste als Orientierungspunkt erweisen. Es ist ein vielleicht 20-stöckiges Gebäude, das über eine Betonbrücke im obersten Stock mit einem ähnlichen Zwillingsbau verbunden ist. Im Sozialismus war hier ein mondänes Restaurant untergebracht. Beide Häuser zieren futuristisch anmutende Raumfahrt-Designelemente aus den Siebzigern.

Die Straßenblocks schaffen breite, endlose Schluchten mit parallelen, breiten Straßen, die wieder von endlosen Schluchten einförmiger Blocks flankiert werden. Gezielt am Reißbrett geplanter Wohnraum für über 200 000 Bürger, die im historischen Stadtkern Belgrads lernen, studieren und arbeiten sollten. Morgens von der Tram zur Arbeit gebracht, abends in die Keimzelle der sozialistischen Gesellschaft zurück, zur Kleinfamilie in den Block. Abgesehen von den offiziellen 22 Prozent Arbeitslosigkeit, wird Titos sozialistische Wohnraum- und Planungspolitik auch heute noch tagein, tagaus praktisch gelebt. Wie ich später bei einem Besuch bei Mirkos Vater feststellen kann, sind die Wohnungen überraschend großzügig geschnitten und haben alle etwas heruntergekommene Spiel- und Sportmöglichkeiten für Kinder in den begrünten Innenhöfen – genau wie in Kroatien. Die strahlende Sonne, die vielen Bäume und die verwilderte Vegetation am Ufer der Sava, die in Belgrad in die Donau mündet, mildern den verstörenden ersten Eindruck ab.

In den langen, kalten Wintern der Region, beim ewigen Warten auf die alte Tram, die nicht zu festgelegten Zeiten kommt und oft überfüllt ist, möchte ich hier nicht leben müssen.

„Im Winter ist es die Hölle", bestätigt Mirko, den ich mittags wie vereinbart am Parkplatz treffe. Zuvor hatten wir einige Werkstätten angefahren. Alle forderten völlig überteuerte Preise für einen neuen „Auspuh", wie Auspuff hier genannt wird. Daher sind die Männer nun zum Ausflug in die fünfzig Kilometer entfernt gelegene islamische Werkstatt des Vertrauens aufgebrochen.

„Der Wind pfeift durch die Gassen, und egal, wie warm du dich anziehst, es reicht nie." Mirko und ich spazieren zwischen Block 20 und 25 auf den menschenleeren Querstraßen. Ich versuche, mir den Winter hier vorzustellen. Wie es sein muss, immer auf einen Gelegenheitsjob zu hoffen, damit man die Semestergebühren für die Uni zusammenbekommt. Kein Geld für einen kleinen Video-Chat mit der Geliebten in Syrien zu haben. Doch Mirko will heute von Tristesse nichts wissen, trotz seiner generell kühlen Mimik spüre ich, wie aufgeregt er ist. Mein serbischer Freund freut sich, mich zu sehen. Er will mich wie verabredet seinen Kommilitonen vorstellen. Schmal und bleich ist er geworden, seit ich ihn vor einem halben Jahr zuletzt in Syrien gesehen habe. Mirko gibt zu, etwas depressiv zu sein, wie alle seine Freunde, seine Eltern, sein Land. Zwar studiere er fleißig Englisch und Arabisch im fortgeschrittenen Semester, doch Hoffnung habe er nicht. Studentenjobs gebe es so gut wie keine. Mit einem Job könne er 200 bis 300 Euro monatlich verdienen, viel zu wenig für eine Vollzeitbeschäftigung in Serbiens Hauptstadt, wo ein Bier gerne mal genauso viel wie in Berlin kosten kann. „Da investiere ich lieber in meine Bildung, anstatt meine Jugend für einen Hungerlohn zu verschwenden."

Wir spazieren durch die Häuserschluchten, treten in einen luftig gebauten Eingang und treffen die sechs Kommilitonen auf einem üppig bewachsenen, großen Hinterhof. Mirko scheint mich groß angekündigt zu haben, die Jungs warten schon mit Bierflaschen und ihren Fragen nach richtigem und gutem Deutsch auf mich. Einer seiner Freunde, Bogdan, studiert Deutsch im ersten Semester. Ihm kam zu Ohren, dass die staatliche Fluggesellschaft über einen alten Parteifreund des Vaters Flugbegleiter mit Deutsch- und Englischkenntnissen sucht. Nun stellt er sich formvollendet in fast akzentfreiem Hochdeutsch vor und beginnt gleich, seinen auswendig gelernten Text abzuspulen. „Ich bin 21 Jahre alt und bewerbe mich mit das hier als Flugbegleiter. Der Beruf finde ich sehr interessant, denn …" Ich muss lachen, entschuldige mich und unterbreche Bogdan. Den mühevoll aus dem Wörterbuch zusammengeklaubten Text soll ich erst noch korrigieren, bevor er ihn erneut auswendig lernen wird. Warum wir es nicht in einfacheren Worten schreiben könnten, wo überhaupt der Sinn sei, Worte, die man nicht versteht, auswendig aneinanderreihen zu können? Bogdan meint, dass dieser Text bei der Aufnahmeprüfung abgefragt werde, und da er ohnehin plane, noch einige Jahre lang Deutsch zu lernen, sei Auswendiglernen das Einfachste und Erfolgversprechendste für ihn. Nachdem ich seinen kleinen Vortrag schriftlich, schmunzelnd, berichtigt habe, verabschiedet sich der sympathische Blondschopf schnell. „Ich muss lernen! Ich will fliegen! Auf Wiedersehen und viele danke!", formuliert er schon frei. Wie mir Mirko später erzählen sollte, erhielt Bogdan den begehrten Job tatsächlich – nicht zuletzt aufgrund seiner „guten Deutschkenntnisse".

Nun bin ich umringt von fünf neugierigen jungen Serben in alten Jogginganzügen, die mir jetzt, mittags, mit Bier zuprosten. Von meiner Reise soll ich erzählen, von all den Ländern, in denen ich schon war, Länder, die meinen neuen Bekannten wahrscheinlich auf immer verschlossen bleiben werden. Sie haben keine Hoffnung auf Geld oder auf eine Ausreisegenehmigung und erst recht nicht auf eine Einreiseerlaubnis nach Westeuropa. Wie ich Serbien bisher empfunden habe, werde ich gefragt. Die Wahrheit kann ich nicht sagen. Das, was ich bisher von Belgrad kenne, macht mich traurig und betroffen. Wie anders wirkt doch Kroatien, das ich im letzten Sommer besuchte. Es ist schon längst wieder ein prosperierendes Urlaubsland an der bezaubernden Adriaküste. Dort ist Hoffnung, Aufbruchsstimmung nach Europa, mediterrane Lebensfreude zu spüren. Meine Verwandten und Bekannten dort sind voller Lebenseifer, spielen in Bands, treiben Sport in Vereinen und studieren natürlich auch sehr eifrig. Besonders die jungen Frauen, die ich in Zagreb kenne, sind hoch motiviert, etwas aus sich zu machen, jetzt, da in der freien Marktwirtschaft alle Möglichkeiten für ein selbstbestimmtes Leben gegeben sind.

Ganz anders wirkt Belgrad bislang auf mich. Die Situation ist skurril, das Leben wirkt hart und ruft Mitleid hervor, ähnlich wie ein Besuch in Russland. Meine Willkommensparty findet auf einem Hinterhof, der einem deutschen Öko-Biotop in einer DDR-Plattenbausiedlung gleicht, statt. Wir sind nur an drei Seiten umringt von Häuserblocks. Zur Rechten öffnet sich die Auenlandschaft des nahen Sava-Ufers, aus der Froschquaken und Vogelgezwitscher dringen. Dazwischen suchen verdreckte, verlumpte Sinti- und Roma-Kinder Papier, das sie gegen wenige Dinar pro Kilo bei einer Sammelstelle abgeben. „Schau", scherzt Mirko mit dem selbstironischen Humor der Verzweiflung, „wir sind hier Mittelstand, unsere Eltern haben studiert, wir studieren, und deshalb dürfen wir unser Taschengeld aus Pfandflaschen bestreiten, für das Papier haben wir die ‚Gipsies'."

„How do you like our Serbia?", bohren die Studenten noch einmal nach. Wie soll ich Serbien bislang finden? Hauptsächlich empfinde ich Mitleid mit diesen jungen Männern, die so ganz anders wollen, als sie können. „Serbien ist toll", sage ich und proste meinen Gastgebern zu. „Zivili!", hoffend, dass „Prost" auf Serbisch genauso wie auf Kroatisch heißt. „Ich bin überall zu Hause, wo ich Freunde habe." Einen meiner wenigen kroatischen Sätze schließe ich an, „ich bin halbe Kroatin", „ja sam pola hrvatica". Die jungen Männer sehen mich an, als trauten sie ihren Ohren nicht. Ihre Minen versteinern. Warum ich das sage, ob ich denn nicht wisse, dass Kroaten hier nicht gern gesehen seien? „Ich dachte, ihr als neue Generation steht über diesen Dingen, wie wir in Europa …?", merke ich schüchtern, aber ehrlich an. „Hier ist Serbien, hier ist kein neues Europa angekommen. Und die verdammten Kroaten haben uns unsere Küste geklaut!", ruft einer von Mirkos Freunden. „Nun können wir nicht mal mehr Sommerurlaub in unserem eigenen Land, in Jugoslawien, machen, und Skifahren in Slowenien oder Montenegro geht jetzt auch nicht mehr." Als ich wissen will, wieso, raunen meine neuen Bekannten, dass es sehr gefährlich für Serben sei, sich in Kroatien zu erkennen zu geben. „Und genauso gefährlich ist es nun mal für Kroaten hier in Serbien. Sag besser einfach, du seist Deutsche. Vergiss deinen Halbkroatinnen-Satz."

Nur Mirko protestiert, seine Kommilitonen sollten mir nur wegen der paar hundert gewalttätiger Übergriffe auf Nicht-Serben pro Jahr keine Angst vor Serbien machen. Schließlich sei er im Sommer auch in Kroatien gewesen, ohne dass ihm etwas passiert sei. Seine Freunde werfen ein, dass er allein deshalb nichts zu befürchten hatte, da er sich im Gegensatz zu ihnen immer als Slowene ausweisen und auch die slowenische Sprache sprechen könne. „Wir würden von den verfluchten Kroaten als Serben erkannt und grün und blau geprügelt werden", sind sie felsenfest überzeugt. Im Gegensatz zu seinen Freunden hat Mirko dank seiner slowenischen Mutter auch einen EU-Pass, der ihm das Reisen und das Jobben in den prosperierenden Nachbarländern ermöglicht. So finanzierte er sich mit drei Monaten Fließbandarbeit in einer slowenischen Fabrik einen halbjährigen Aufenthalt im sozialistischen Bruderland Syrien, eines der wenigen Länder, für die Serben problemlos ein kostenloses Visum erhalten.

Der Alltag der Clique, berichten mir die Jungs, sei zäh und öde, wirtschaftliche Depression und Studiendruck, nur unterbrochen von wenigen Festtagen, so wie dem heutigen. Meine Ankunft, meine Berichte aus der großen weiten Welt und die Chance, ihr durchweg gutes Englisch außerhalb der Uni anwenden zu können, machen ihn für die Jungs zu einem solchen. Ich fühle mich geschmeichelt und will die nächste Runde Bier spendieren, was natürlich für meine Gastgeber nicht in Frage kommt. „Sonst erzählst du deinem kroatischen Vater noch, wir Serben hätten keinen Anstand im Umgang mit Frauen." Mirko schnappt sich die leeren Flaschen und durchzieht den weiten Hinterhof auf der Suche nach mehr gegen Bargeld zu tauschendes Leergut. Bald schon kommt er stolz mit neuem Bier zurück.

Bier scheint für die Studenten das Highlight des Tages, einer jeden Woche, ihres Lebens – wenn sie denn die rund 60 Cent, die eine 0,3-Liter-Flasche kostet, aufbringen können. In die Altstadt gehen sie selten. Denn Mädchen lernt man nur mit ein paar spendierten Drinks kennen, und Drinks kosten in den Bars, Pubs und Discos fast dasselbe wie in Deutschland – ab fünf Euro aufwärts. Dazu kommen noch mindestens zehn Euro Eintritt für die Disco und Geld für das Taxi nach Hause. Nachts, wenn die Tram nicht mehr zu den sich endlos erstreckenden Häuserblocks von „Novi Beograd", Neu-Belgrad, fährt. Doch mir wollen sie ihren historischen Stadtkern natürlich zeigen. Aber nicht im bequemen Vorstadt-Styling! Alle sprinten in die Wohnungen ihrer Eltern, wo sie natürlich noch wohnen, um sich umzuziehen. Nach zehn Minuten kommen meine Stadtführer einzeln zurück, und ich erkenne sie fast nicht wieder. Blitzschnell haben sie sich frisiert und herausgeputzt. Plötzlich finde ich mich in Begleitung einer eleganten Studentenclique.

Wir fahren mit der Tram 15 Minuten die Vorstadt-Magistrale entlang, steigen dann aus, überqueren die Sava und beginnen mit der Besichtigung der Zitadelle Kalemegdan. Die auf einem Plateau strategisch hervorragend gelegene Festung, deren Grundsteine aus römischer Zeit stammen, trägt einen türkischen Namen. „Kale" heißt „Feld", und „megdan" bedeutet „Kampf" – wobei die Osmanen in ihrer Herrschaftszeit auch den Namen „Fićir-bajir" benutzt haben sollen, was so viel wie „Hügel zum Nachdenken" bedeutet.

Als wir auf dem prachtvollen Aussichtspunkt über der Stadt ankommen, habe ich bereits einige Geschichten aus der Welt und vor allem die amüsante Situation in unserem Ramadan-Bus geschildert. Ich will wissen, was meine neuen Bekannten über Muslime denken, ob sie welche kennen. Aus seinem Arabisch-Studium kennt Mirko einige arabische Studenten, die aber vollkommen assimiliert seien. Keine seiner arabischen Kommilitoninnen würde Kopftuch oder islamische Kleidung tragen, erzählt Mirko, es sei „viel zu gefährlich" die bei den Serben dauerhaft verhasste Religion sichtbar auszuüben. Von den über 1,7 Millionen Einwohnern Belgrads gaben gerade mal 1,3 Prozent bei der letzten Volkzählung 2006 an, den Lehren des Islam zu folgen. Die insgesamt an die 200 000 Muslime in Serbien – Bosniaken muslimischen Glaubens und ethnische Muslime – leben weit entfernt, in der südwestlichen Region um Sandschak herum, im serbisch-montenegrinischen Grenzgebiet.

Im letzten Krieg entflammte der latente Hass, der sich über die Jahrhunderte nach der türkischen Herrschaft in Serbien angestaut hatte. Wer sich als Muslim jetzt noch traut, in Belgrad zu leben, ist meist Flüchtling aus den palästinensischen Gebieten oder dem Irak. Dazu kommen noch einige wenige, meist syrische Gaststudenten. Später sollte mir Sharif berichten, wie isoliert eine seiner deutsch-palästinensischen Bekannten, deren 21-jähriges Leben mir beinahe hoffnungslos erscheint, mit Kopftuch hier lebt.

Voller Stolz zeigen Mirko und seine Freunde mir das Open-Air-Militärmuseum am Fuße der Festung. Hier sind alle möglichen internationalen Panzer, die Serbien in den Kriegen der Neuzeit erbeutete, ausgestellt. Es gibt ausführliche Erklärungen auf Schautafeln, Kinder dürfen auf und in die Panzer klettern. Einige ältere Herren laufen die Objekte langsam ab und fachsimpeln miteinander, kommen mit anderen Flaneuren ins Gespräch über Panzer und Kriege. Obwohl meine Begleiter jetzt mit den kleinen zu betrachtenden Beute-Erfolgen fast schon vor mir angeben, kann sich keiner von ihnen vorstellen, zum Militär zu gehen. Es soll schlimm sein, obwohl die Wehrpflicht sich auf europäisch-moderne neun Monate beschränkt. Sie berichten von lächerlich niedrigem Sold, schlimmen hierarchischen und korrupten Verhältnissen und ekelhaftem Essen. Durch ihr Studium seien sie zurückgestellt, doch dass der Tag der Einberufung kommen wird, wissen sie sicher.

Wir spazieren durch die belebte Altstadt. Historische Bauten wechseln sich ab mit sozialistisch-funktionalen Objekten, Straßencafés und Eisbars sind voller Geselligkeit. Obwohl es fast noch Sommer ist, sehe ich keinen Touristen, keine anderen Ausländer außer mir. Die jungen Menschen in der Innenstadt sind, wie auch meine Begleiter, ausnahmslos modisch gekleidet oder geben sich zumindest große Mühe, in ihrem begrenzten Rahmen so zu wirken. Und auch die älteren Herren tragen stets ein Jackett über dem gebügelten Hemd. Ältere Damen sieht man, gut frisiert, in ihren klassischen Röcken; in ihren Kostümen und Absatzschuhen erinnern sie mich an meine kroatische Großmutter, die sich zeit ihres Lebens mehr österreichisch und stärker dem Kulturkreis des k. u. k-Großreiches zugehörig als „balkanisch" fühlte.

Alle Passanten haben sich fein herausgeputzt, und das an einem ganz normalen Arbeitstag in Belgrad. Ein rührendes Szenario. Es geht mir sehr nahe. Offensichtlich lebensfrohe Menschen, die sich an bessere Zeiten erinnern oder durch Aufrechterhaltung des persönlichen Stils von besseren Zeiten zeugen wollen. Denn bei so wenigen, die hier Arbeit haben, kann nicht alles, was glänzt, Gold sein. Ähnliches habe ich in Zagreb, in St. Petersburg, in Beirut und in den von mir bereisten Teilen Nordafrikas und Südamerikas beobachtet. In allen diesen Regionen geben sich selbst die Ärmsten stets die größte Mühe, durch Kleidung ihren Stolz nach außen hin zu bewahren, ihre Würde durch ein penibel gestärktes Hemd zu betonen. In der Altstadt gibt es auch heute keine Verschlampung des Stadtbildes durch „Freizeitkleidung", Trainingsanzüge oder zerrissene Jeans in Post-Punk-Manier, die wir in Ungarn beobachten konnten. Hier will jeder trotz oder gerade wegen der wirtschaftlich und politisch schlechten Lage zeigen, dass er oder sie etwas auf sich hält. Es ist anders als in London, New York oder Berlin, wo man es sich als lässiger jugendlicher Zeitgenosse und besonders als in „kreativen" Berufen Tätiger leisten kann, den Kleidungsstil der postmodernen Bohème zur Maxime zu erheben. Wie sagte mir eine alte Frau in Beirut einst – ihr Lippenstift, die Seidenstrümpfe und einmal pro Saison ein neuer Hut, auch wenn sie ihn sich vom Munde absparen musste, seien in den schlimmsten Krisenjahren die Kulturobjekte gewesen, die ihren Glauben an eine bessere Zeit ausdrückten.

Zum Abendessen will ich die Studentenclique einladen. Sie bestehen auf etwas typisch Serbischem, Preiswertem und führen mich zu einer der zahlreichen Buden um den Platz der Republik. Es gibt Pljeskavica, große, saftige Schweinefleischbuletten unter einem Berg von roten Zwiebeln in Brot. Nachdem ich den Serben von meinem Ramadan-Experiment berichtet habe (das sie alle für amüsant, aber meine Toleranz für nicht nachvollziehbar befinden), haben sie nun scheinbar große Freude daran gefunden, mich auf die europäische Seite des Lebens zurückzuziehen. Mit dem schmackhaften Schweineburger in der Hand flanieren wir durch die Altstadt. Die von den diversen Kriegen verschont gebliebenen Häuser, die hohen alten Platanen, das grobe, uralte Kopfsteinpflaster auf der hügeligen Straße und nicht zuletzt die zahllosen Kneipen und Bars mit Straßenterrassen lassen an diesem Abend dann doch ein wunderschönes Urlaubsgefühl in mir entstehen. Da wir in dieser lauen Nacht noch einige weitere Biere trinken wollen, nehme ich Mirkos Angebot, bei ihm in der Wohnung seines Vaters zu übernachten, gerne an. Sharif und Rico schicke ich nur eine Kurzmitteilung vom Funktelefon: Alles sei in bester Ordnung, ich hätte ein eigenes Bett und eine Dusche angeboten bekommen, man solle sich nicht um mich sorgen, am Morgen käme ich zum Parkplatz.

Als wir um Mitternacht aus der Tram steigen, sagt Mirko, ich solle mir „45" merken, das sei die Nummer des Blockes, in dem er mit seinem alten kranken Vater wohne; bei Block Nummer 20 sei mein Busparkplatz. Die Architektur des Blockes ist luftig, mediterran, genau wie ich es aus Häusern entlang der Zagreber Neustadt-Magistrale kenne. Der Fahrstuhl wirkt wenig vertrauenerweckend, aber er funktioniert. Das Apartment, die halbe Etage, die Mirko mit seinem Vater bewohnt, konnte die Familie, wie die meisten hier, kurz nach dem Zerfall von Titos Jugoslawien günstig kaufen. Die beiden

Männer leben auf gut 150 Quadratmetern, mit großer Terrasse, Blick ins Grüne und perfekten sanitären Anlagen. Bevor ich in Mirkos Bett schlafen darf, gönne ich mir eine lange, ausgiebige Dusche, die erste seit der Abfahrt aus Berlin. Glücklich und angenehm erschöpft von einem abwechslungsreichen Urlaubstag vom Islam schlafe ich tief und fest.

Am nächsten Morgen inspiziere ich Mirkos bescheidenes Zimmer. Er besitzt eine kleine, billige Stereoanlage, eine Handvoll CDs und viele Bücher, Wörterbücher, Atlanten, Reiseerzählungen. Seine Sehnsucht nach der Ferne ist spürbar. Über seinem Bett hängt eine Weltkarte. Der Vater sitzt morgens schwer atmend, hustend und rauchend am Schreibtisch im Wohnzimmer. Zum Frühstück serviert Mirko mir Kaffee-Ersatz, den er viel zu stark gekocht hat, wohl um den Chicoree-Geschmack zu übertünchen, doch so kommt er extra stark durch. Dazu gibt es trockene kleine Bruch-Kuchen, vergleichbar mit ausgetrocknetem Stollen. Da ich merke, wie Mirko sich schämt, versuche ich ein Kompliment, alles sei sehr lecker, ich hätte ja überhaupt kein Frühstück erwartet, behaupte ich. Doch Mirko schenkt mir nur einen spöttelnden Blick. Er wisse nicht erst seit Syrien, wie richtiger Kaffee schmecke, er wisse nicht erst seit Slowenien, was ein österreichisches oder deutsches Frühstück sei. „This here is shit", sagt er, und sein Gesichtsausdruck versteinert. Alles hier sei „shit", seine Lage, die seiner Familie, seine Umgebung, das Essen und der Kaffee sowieso, seine Zukunft, die Gesundheit seines Vaters. Die Nachbarländer, die ihn hassen würden, ihn nur als geheuchelten Slowenen akzeptieren würden. Und das Schlimmste von allem sei, dass seine wunderhübsche Freundin in Syrien säße und er nicht einmal Geld für das Internetcafé habe, nur um ihr zu sagen, dass er sie noch liebe. Da sie auch meine Freundin ist, überzeuge ich Mirko, sich von mir nach einer erneuten Dusche auf eine Stunde Internet-Video-Chat mit unserer

Freundin in Damaskus einladen zu lassen. Dann muss er auch schon wieder in die Uni, ich zum Bus. Herzlich und mit dem Versprechen, bald in Syrien zusammenarbeiten zu wollen, verabschieden wir uns voneinander.

Die Tram rumpelt mich zu Block 20, unserem Parkplatzblock. Rico fährt mit meinem Fahrrad umher. Sharif ist konzentriert damit beschäftigt, sein Motorrad auszutesten. Denn nicht nur der Bus-Auspuff, auch der Motorrad-Vergaser wurden gestern erneuert. „Hast du gut geschlafen in deinem Luxushotel? Hast du geduscht? Was würde ich für eine Dusche geben, aber eigentlich egal. Hauptsache, der Fuhrpark ist wieder voll funktionstüchtig!", begrüßt er mich. Nachdem ich im Bus schnell wieder meine Reise-Uniform, Top mit Trainingshose und Turnschuhen, angelegt habe, bin ich neugierig auf seine gestrigen Erlebnisse. Die islamische Werkstatt hat, wie erwartet, ganze Arbeit geleistet, die Motorradreparatur habe nur ein Lächeln und eine Cola für den Mechaniker gekostet. Und eine Spritztour, die sich der Mechaniker, der noch nie zuvor auf einem Cross-Motorrad gesessen hatte, erbat.

Natürlich hat Sharif aber auch Neues aus der serbisch-islamischen Welt zu berichten. In dem fünfzig Kilometer entfernten Dorf leben mehrere palästinensische Flüchtlingsfamilien, die es mit Hilfe von Freunden, Verwandten oder durch Heirat geschafft haben, ihr nicht existentes Heimatland hinter sich zu lassen. „Insofern geht es meinen Brüdern hier besser als in Palästina, keine Frage", beschreibt Sharif die Situation. Sie hätten sich sogar einen Gebetsraum eingerichtet, so dass er gestern endlich wieder in der Gemeinschaft seiner Brüder beten konnte. Doch den Schwestern gehe es schlechter. Manche Frauen würden kein Kopftuch mehr tragen, aus Angst vor aggressiver Anmache, aber auch davor, das Tuch auf der Straße von fremdenfeindlichen Halbstarken weggerissen zu bekommen. Daher blieben die Frauen, erklärt Sharif, in diesem Land ohne Möglichkeiten zur Integration „ohnehin gern zu Hause".

Ein besonders schweres Schicksal erleidet eine Freundin seiner Familie, die ich auch einst in Deutschland kennengelernt hatte. Sharif traf sie gestern in besagtem Städtchen, in das es einige Palästinenser gezogen hat. Rashida ist eine junge lebenslustige Frau, in Deutschland geboren und aufgewachsen, die akzentfreies Deutsch spricht und ein hervorragendes Abitur gemacht hat. Ihre Eltern sind konservative sunnitische Palästinenser mit akademischem Hintergrund. Sie hätten es gerne gesehen, wenn ihre Tochter studiert hätte. Doch nicht nur ein Studium, auch eine frühe Heirat gilt für junge Frauen als erstrebenswert. „Bevor sie auf dumme Gedanken kommen und so rumlaufen wollen wie Madonna und von ‚Selbstverwirklichung' zu reden anfangen. Aber das ist eher selten, unsere Mädchen werden gut erzogen", hatte mir Sharif einst erklärt.

Warum sie einem entfernten Cousin, dem Zweiten, der bei ihrem Vater um die Hand der damals knapp 18-Jährigen anhielt, die Ehe versprach, hatte Sharif schon auf der Hochzeitsfeier nicht verstanden. Hoffte sie auf ein spannenderes Leben im Ausland mit dem zwanzig Jahre älteren Mann mit serbischem Pass, oder wollte sie nur der strengen Enge im ländlichen Süddeutschland entfliehen? Rashida ist jetzt 21. Die Mutter von zwei Kindern kennt nur die serbischen Vokabeln, die sie zum Einkaufen braucht. Seit drei Jahren lebt sie in einem Betonklotz, in einer serbisch-konservativen Kleinstadt, die ähnlich hässlich und unfreundlich wie die Belgrader Neustadt ist. Ihr Mann arbeitet als Tagelöhner für serbische Bauunternehmen und ist, was Sharif unwahrscheinlich aufregt, ein „schlechter Muslim". Er verdiene diese Frau, diese „islamische Perle, das arme Mädchen" überhaupt nicht. Rashida hat nur eine englischsprachige Freundin in ihrer Kleinstadt, eine australische Palästinenserin, die kein Arabisch kann. Doch da beide Frauen ihre Häuser nur ungern verlassen, ist auch dieser Kontakt spärlich. Daher hatte sie die Chance, endlich einmal wieder Deutsch sprechen zu können, wahrgenommen und Sharif ihre katastrophale Ehe schonungslos gebeichtet.

Ihr Mann trinke Alkohol und schlage sie auch manchmal. Auch faste er den Ramadan über nicht und bete generell kaum. „Ich habe ihr gesagt, sie solle sich scheiden lassen. Die Legitimation dafür liegt auf der Hand, jede einzelne Verfehlung ihres Mannes verpflichtet sie als gute Muslima sogar dazu, ihn zur Einhaltung der religiösen Gebote anzuhalten und sich notfalls zu trennen."

Wenn Rashida ihren Mann Mahmoud an die Gebete erinnert, lacht er sie bloß aus, sagt ihr, sie solle endlich das Kopftuch abnehmen, und schlägt sie, falls sie sich traut, auf die Verrichtung seiner Gebete, zumindest im Ramadan, zu pochen. Wieso sie denn bei dem schlechten Muslim und kulturübergreifend schlechten Ehemann bleiben wolle? Der Kinder halber natürlich, die jetzt noch klein seien und die Mutter bräuchten, im Falle einer Scheidung aber ab dem Alter von acht Jahren der islamischen Vorschrift gemäß beim Vater leben müssten. Und, so vermutet Sharif, um ihrer selbst willen, da ihre alten Eltern das einfache, aber teure Leben in Deutschland in ein organisatorisch kompliziertes, aber dafür dank deutscher Rente finanziell komfortables Leben in Palästina eingetauscht haben. Dahin müsste das dem Pass nach deutsche Mädchen im Falle einer Scheidung gehen, denn nur ein Leben mit den Eltern wäre legitim, um rufschädigenden Verleumdungen zuvorzukommen. Nur so hätte sie eventuell noch die Möglichkeit, nach einer Scheidung einen neuen Ehemann zu finden. Als geschiedene Mutter hätte sie in der archaischen palästinensischen Gesellschaft vielleicht noch Chancen, als Zweit- oder Drittfrau von einem barmherzigen

Mann genommen zu werden. Oder aber, eine seltene, aber theoretisch doch vorhandene Hoffnung: von einem gebildeten Auslandspalästinenser geheiratet zu werden, der modern genug sein müsste, um nicht auf einer Jungfrau zu bestehen. Doch würde so ein Mann ihr unumstößliches Bekenntnis zum Kopftuch gutheißen? Sharif schüttelt immerzu den Kopf. „Das arme Mädchen, sie war immer so eine gute Tochter und so klug, sie hätte in Deutschland alles aus ihrem Leben machen können. Ich habe ihr von dem Kerl abgeraten, doch was sollte ich machen? Ihre Familie kannte seine Familie, und es schien gut zu passen – und nun das …"

Nach 24 getrennt verbrachten Stunden hatten Sharif und ich Serbien schlaglichtartig in Bruchteilen seiner trostlosen Traurigkeit erlebt. Dabei trafen wir keine Kriegsversehrten, keine Waisen, keine Opfer der Militärpolizei, niemanden mit einem besonders dramatischen Schicksal. Wir sprachen nur mit ganz normalen jungen Serben und einer ganz normalen jungen Deutsch-Araberin im Exil. Es reichte, um uns betroffen zu machen und kämpfen zu wollen, aber wie? Zu mehr als einer Stunde Internet hatte Mirko sich nicht einladen lassen wollen, und mehr als ein offenes Ohr schien auch Rashida von Sharif und ihrem harten Leben nicht zu verlangen.

Nur Rico war zufrieden mit seinen Erlebnissen im Belgrad. Zum einen hatte er trotz geringer Englischkenntnisse bei der Auspufferneuerung seinen Mann gestanden. Auch wenn die fremdländische Autowerkstatt schmutzig war, so schien sie doch seinem deutschen Empfinden nach, in Kombination mit neuerlichem Improvisationswillen, fast perfekt. Während Sharif sein stundenlanges Gespräch mit Rashida führte, spazierte Rico durch die Straßen, trank Bier an Buden und traf einen alten Mann, mit dem er sich auf Deutsch unterhalten konnte. Dass der Alte von deutscher klassischer Musik und Dichtkunst schwärmte, konnte Rico nicht ganz nachvollziehen, immerhin aber hatte auch er einen interessanten, eigenständigen halben Tag in der Fremde verlebt.

Wir verlassen Belgrad, schauen aber noch kurz bei der Bajrakli-Moschee, der letzten noch aktiven von einst über achtzig Gebetshäusern in Belgrad, vorbei. Sie wurde 1575 unter den Osmanen erbaut, unter den Habsburgern von 1718 bis 1739 zu einer katholischen Kirche umfunktioniert und nach der Rückkehr der Osmanen wieder zur Moschee gemacht. Fast könnte man sie als Zeichen dafür nehmen, dass Allah Serbien längst aufgegeben hat: Auch diese einzige, angeblich noch aktive Moschee ist im Ramadan geschlossen – in dem Monat, in dem manch eine islamische Familie in arabischen Ländern sogar in der Moschee übernachtet, da diese meist 24 Stunden geöffnet ist. Wir verlassen die triste Satellitenstadt und ihre Blocks, orientieren uns an dem sonderbar hässlichen Zwillingshochhaus mit seinen Weltraum-Dachaufbauten und fahren Richtung Südosten. Noch heute Nacht wollen wir die bulgarische Hauptstadt Sofia erreichen. Werden wir dort ein gelungenes Beispiel für interkulturellen Dialog erleben? Immerhin sind 13 Prozent der Bulgaren Muslime. Würde Bulgarien Trost spenden?

Kaum haben wir die krakenhaften Belgrader Vorstädte verlassen, sind wir wieder auf dem Autoput, der sich an manchen Stellen geradezu malerisch am Fluss Morava entlang schlängelt. Doch die häufigen Mautstationen und die Stopps an den Raststellen lassen Romantik bald wieder zur Nebensache werden. Zu trist die post-sozialistische Trübsal an Ecken dieser Welt, wo Restaurants noch „Tito" heißen und Tankstellen nicht unbedingt über fließend Wasser, Luft oder Dieselkraftstoff verfügen.

Autoreisen im Ramadan bedeutet, dass das Fastenbrechen, die Krönung des Tages, oft an den unpassendsten Orten stattfinden muss. Sharif und ich haben die Sonne stets im Blick und wissen beide, dass sie ungefähr zwischen 18.30 und 19 Uhr untergeht. Da der Herbst naht und die Tage kürzer werden, senkt sie sich täglich ein bisschen früher. Sharif hatte sich aus der Moschee in Leipzig einen Ramadan-Kalender mitgenommen, auf dem die Sonnenunter- und -aufgangszeiten sowie die Gebetszeiten standen, doch je weiter wir gen Osten fahren, desto mehr verschieben sich die Zeiten.

Unser heutiges Gesprächsthema ist Rashidas trauriges Leben. Sharif hatte in dem langen Gespräch versucht, die hübsche junge Mutter von einer Scheidung zu überzeugen. „Ihr Mann trinkt, betet nicht, schlägt sie und macht sich über ihre Frömmigkeit lustig. Das sind mehr Gründe als genug für eine Scheidung. Aber was kann ich machen? Sie sagt, er behandle sie zwar oft schlecht, sei aber kein schlechter Ehemann – aber er ist doch ein schlechter Muslim! Dass eine so gottesfürchtige Schwester so einen Mann abbekommen hat! Und ich kann nichts dagegen unternehmen."

Im Qur'an versuche ich nun, einen passenden Abschnitt zur Scheidung zu finden. Doch finden sich dort, Ehe und Scheidung betreffend, vor allem Anweisungen für Männer. Durch das Wort „Talaq", „ich verstoße dich", dreimal ausgesprochen, kann sich der Mann rechtskräftig von seiner Frau trennen (Sure 3, „Die Frauen"). Insgesamt darf der Mann seine Frau dreimal verstoßen und sie nach einer Bedenkzeit von bis zu vier Monaten wieder zurücknehmen, so sie das wünscht. Über die Khullul, die Scheidung einer Frau von ihrem Mann, finde ich nichts im Qur'an. Wie Rashida sich scheiden lassen könne, will ich von Sharif wissen. Er erklärt das Procedere und auch, warum es deutlich schwieriger für eine Frau ist, Scheidungsgründe zu finden. Offiziell dürfe sie ihren Mann nur verlassen, wenn er die ehelichen Pflichten vernachlässige oder unfruchtbar sei, wovon bei zwei Kindern in drei Ehejahren nicht auszugehen sei. Auch gebe er ihr Unterhalt und Haushaltsgeld; nur die Verweigerung dessen könnte als weiterer Scheidungsgrund gelten. Dass ihr Mann ein schlechter Muslim sei, müsse sie im Zweifelsfall vor einem Gericht beweisen. Doch ein serbisches Gericht würde es kaum interessieren, dass er seine religiösen Pflichten vernachlässigt. Auch in den palästinensischen Gebieten oder wohl eher im inoffiziellen Palästinenserstaat Jordanien würde sie es mit ihrem Anliegen formal einfach, de facto aber sehr schwer haben. Obwohl das jordanische Parlament – nach einigen gescheiterten Anträgen – im Jahre 2003 endlich das „Khullul"-Gesetz verabschiedete, welches die Scheidung der Frau von ihrem Mann auch ohne Angabe von Gründen ermöglicht. Vorausgesetzt, der Verlassene erhält seine Morgengabe und alle anderen Sachen von Wert, die er seiner Gattin einst schenkte, umgehend zurück. Dabei waren die umfangreiche Morgengabe, das Hochzeitsgeschenk, und die weitere, bei der Hochzeit vereinbarte Muta'achir (Nachzahlung) ursprünglich dazu gedacht, die Braut im Falle einer Scheidung finanziell abzusichern.

Eine Scheidung vor einem islamischen Gericht, zum Beispiel vor dem vergleichsweise modernen Sharia-Gericht in Amman, würde viel Wirbel machen. „Jordanien ist, genau wie Palästina, klein, da kennt jeder jeden", sagt Sharif. Falls ihr Mann, was anzunehmen sei, gegen die Scheidung sei, so würde er Rashida sicherlich der Lüge bezichtigen. Die öffentliche Verleumdung würde Schande über die gesamte Familie bringen. Und selbst wenn sie es schaffte, das volle Programm zu absolvieren – was wären ihre Perspektiven als Geschiedene mit zwei kleinen Kindern, die bei ihren Eltern in Palästina leben müsste? Sharif wird wütend: „Ich hatte den Eltern gesagt, dass der Kerl nichts für sie ist. Als er um ihre Hand anhielt, wurde ich gefragt, aber ich konnte nicht deutlicher werden, als zu sagen, dass ich glaube, dass die beiden nicht zueinander passen. Ich darf ja keinen Muslim einfach einen Kafir, einen Ungläubigen, nennen, auch wenn ich ihn – nach meinem islamischen Empfinden – dafür halte." Ich schaue Sharif befremdet an. Wie bloß muss ein Mädchen großgezogen worden sein, das bereit ist, gleich den zweiten Mann, der sich bei ihren Eltern zum Teetrinken vorstellt, zu heiraten? Nur weil sich die Familien kennen?! „Er wird am Tag des Gerichtes schon sehen, was er davon hat, da wird er seine Strafe bekommen." Mit „Tag des Gerichtes" meint Sharif natürlich das Jüngste Gericht, nicht das Scheidungsgericht.

Ich empfinde Trauer über das Leben dieser jungen Mutter und hätte allzu gern eine Diskussion über die unreflektierten Heiratstraditionen, über die Unsinnigkeit vermeintlicher Schicksalsergebenheit und über Frauen- und Menschenrechte vom Zaune gebrochen. Doch zum einen ist es knapp eine Stunde vor Sonnenuntergang, der denkbar ungünstigste Zeitpunkt für eine islamkritische Fragestunde. Zum anderen weiß ich, dass das Thema „Heiraten" für Sharif selbst von einiger Brisanz ist. Denn auch mein muslimischer Freund muss sich dem Diktat, bald eine keusche Jungfrau zu ehelichen, beugen. Bei jedem seiner häufigen Besuche in Jordanien präsentiert ihm seine Mutter zahllose Passfotos von heiratswilligen Kandidatinnen aus der weitläufigen Verwandtschaft und Nachbarschaft. Da seine Familie hohes Ansehen genießt, nicht arm und er als ältester Sohn mit fast dreißig noch immer unverheiratet ist, wird der islamisch korrekte Weg gewählt. Die Familien tauschen sich zum Thema Heiratsanliegen aus – auch ohne dass die Mädchen Sharif überhaupt einmal gesehen, geschweige denn gesprochen haben. Der gute Name seiner Familie und das Wissen, dass er in Deutschland studiert hat, machen meinen Fahrer zu einer guten Partie.

Um des lieben Friedens willen besucht er die 18- bis 25-jährigen jungen Frauen oder vielmehr ihre Eltern in Amman regelmäßig. Selten sitzt das Mädchen selbst mit am Tisch, meist bringt sie nur Tee herein, trinkt ein Tässchen mit, bevor sie sich still zurückzieht. Doch bisher konnte er sein – auch westlich geprägtes – Herz nicht mit Hilfe der machtvollen Traditionen austricksen. „Ich schaue immer auf die Handgelenke, und bisher haben die mir bei keiner einzigen Kandidatin gefallen", so sein Kommentar auf meine wiederholte Nachfrage, wie man sich als im Westen aufgewachsener Mann in so einer Situation fühle. Worauf sollte er auch sonst schauen, im Idealfall zeigen die Bewerberinnen ihre Haare, im Normalfall ihr Gesicht. Doch manchmal ist auch das hinter einem Schleier verborgen. „Zwar sagen die Eltern dann immer, dass das die Schönsten seien, aber ich kaufe doch keine Katze im Sack! Schade, dass du immer noch keine Muslima bist, und noch ärgerlicher, dass du viel zu alt bist für mich!", scherzt Sharif, der zwei Jahre jünger ist als ich, überraschend un-islamisch und ungereizt für die Uhrzeit.

Wir fahren durch den bergigen, wildromantischen Südosten Serbiens, vorbei am Städtchen Nis, entlang des kraftvollen Flusses Nišava Richtung Dimitrovgrad an der serbisch-bulgarischen Grenze. Durch extra-mautpflichtige Tunnel auf der ohnehin schon mautpflichtigen zweispurigen Straße und über Serpentinen. Die Durchquerung Serbiens kostet mit unserem Bus insgesamt über hundert Euro. Würde das Geld in den Straßenbau und nicht in das korrupte Regime gesteckt, so würden wir es sogar gerne zahlen. Trotzdem macht es großen Spaß, Mitteleuropa zu verlassen und wildere, ursprünglichere Natur zu bereisen. Zwar bietet sich keine Haltemöglichkeit, und natürlich ist an eine kleine Wanderung in den Bergen aufgrund unseres engen Tagesplanes nicht zu denken, doch die unbesiedelten Berge, die vollkommene Abwesenheit von Werbetafeln und die fast unbefahrenen kurvigen Straßen erinnern uns ständig daran, dass wir nun endlich auf dem Balkan angekommen sind. Die Bergketten, wohl schon der Beginn des Innerdinarischen Gebirges, werden höher, die Sicht weiter und die Luft klarer. Nach Stunden der Fahrt durch die bislang abwechslungsreichste, spektakulärste Landschaft versinkt die Sonne in dramatischen Farben hinter dem dicht bewaldeten Bergpanorama, also können wir nun nur noch schätzen, wann genau sie sich für den heutigen Tag vollkommen verabschieden wird.

Ich suche mir zehn Minuten vor dem vermuteten Sonnenuntergang die für einen gemischten Salat benötigten Zutaten und Utensilien zusammen. Auf dem Beifahrersitz beginne ich mit der Zubereitung und möchte unterdessen mit Sharif zusammen überlegen, was ich ihm, meinem tapferen Fahrer, denn Schönes kochen könnte. Seine Antwort ist wie stets geprägt von großem Hunger und noch größerem Durst und lautet somit: „Egal, irgendwas zu essen." Dämmerung legt sich über die idyllische, unberührt wirkende Flusslandschaft. „Die nächste Tankstelle ist unsere!" Ich habe mich immer noch nicht an das Leben auf Tankstellen gewöhnt. Wie gerne hätte ich eine Stunde vor Tagesende gehalten, auf einem schönen Rastplatz an der Morava, an dem wir vielleicht sogar ins Wasser hätten springen oder ein Lagerfeuer hätten entfachen können. Doch Sharifs Ansage ist klar – es wird gefahren bis zum Iftar. Sofia, die Stadt mit dem aktiven muslimischen Leben, ist für die heutige Etappe als Ziel angesetzt. Was soll ich machen? Ihm scheint es egal zu sein, wo er den Höhepunkt seines Tages feiert, auch wenn es auf einer unbeleuchteten, schmutzigen LKW-Station am Rande Serbiens, kurz vor Bulgarien sein soll. Den ganzen Tag übt sich der fastende Sharif in der im Ramadan besonders hochgehaltenen Tugend der Geduld, doch wenn die Zeit für das abendliche Mahl herannaht, scheint sie vergessen. Mit einem rasanten Schlenker halten wir, sobald es möglich ist. Mal wieder ist es der Parkplatz einer Tankstelle. Wir kurven so energisch auf den Platz, dass, wäre der Boden nicht mit Schotter bedeckt, die Reifen quietschen würden.

Erfreut stelle ich fest, dass wir längst ein eingespieltes Team sind. Sharif springt aus dem Bus, ich halte ihm den Wasserkanister zum Waschen hin. Gebe ihm die guten, saudischen Datteln, stelle seinen Halbliter-Trinkbecher, gefüllt mit Apfelschorle, bereit und setze, während er sich zum Beten aufmacht, Wasser für die Suppe auf.

„Wo ist mein Mekka-Kompass?", höre ich Sharif von draußen panisch rufen. „Da, wo du ihn gelassen hast", flöte ich zurück. Er stürzt in den Bus, an die Schublade mit seinen privaten Utensilien. Doch nirgends ist der heilige Kompass zu finden. Da weder Rico noch ich an seine private Schublade gehen, stellt er betrübt fest, dass er ihn wohl verloren haben muss. „Jasna, schnell, wo ist dein Kompass?" Ich gebe ihm meinen Schweizer Armee-Marschkompass, der mir einst von einem zutiefst atheistischen Freund geschenkt wurde. Wohl als persönliche Nordung, oder eher Erdung, auf dass ich bei meinem kulturellen Experiment nicht vergesse, wo meine Heimat liegt. Die Spannung steigt. Wird es meinem muslimischen Freund gelingen, mit Hilfe des genordeten Kompasses die Lage Mekkas eindeutig zu bestimmen? Schließlich kommt er zu dem Schluss, dass die heilige Stadt grob im Südosten liegen muss, und richtet seine Gebetsposition dementsprechend aus. Doch er ist sich unsicher, da die Straße ständig mäandert und die Sonne schon hinter den Bergen ist. „Wird schon", redet er sich selbst beruhigend zu.

Rico spaziert am Fluss entlang. Als er hört, dass es bei uns Nudeln geben soll, fragt er höflich, ob er mitessen darf. Wir laden ihn ein. Sharif beginnt sein Ritual. Kaum ist der erste Hunger gestillt, kommt er in Plauderlaune. „Manche essen gleich am

Anfang des Iftar ein halbes Lamm, das ist nicht gut", begründet Sharif seine Menüfolge. Er befolge die Anweisungen des Propheten und breche das Fasten nach seinen Regeln. „Ich weiß ja, dass unser System des Fastens nicht das gesündeste ist, da will ich wenigstens das Fastenbrechen so physiologisch korrekt wie möglich absolvieren." Nach der Dattel hat er einen „Termin", wie ich seine Gebetszeiten seit jeher nenne, in der Zeit stelle ich Salat und Suppe bereit. Die um uns herum rastenden Kraftfahrer schauen ihm verwundert, aber ohne Groll bei seiner Gebetszeremonie zu.

Mit einem warmen Gefühl im Herzen beobachte und fotografiere ich ihn, wie schon oft zuvor, beim Beten an den unmöglichsten Orten, auch auf diesem Schotterplatz zwischen serbischen und bulgarischen LKWs. Ist es die Disziplin, sein fester Glaube, die unerschütterliche Überzeugung, von allen möglichen Lebensformen auf der Welt diese eine, aufwändige, den Islam, zu leben, was mich so fasziniert? Ein moderner Mann, der sein Leben nach 1400 Jahre alten Regeln auslegt und trotzdem ein Gentleman, ein Kamerad, ein Beschützer und der beste Fahrer der Welt sein kann. Als ich ihn einmal mit Kindern spielen sah, wusste ich, dass er zu allem Überfluss auch noch einen guten Vater abgeben würde. Doch diesen Gedanken, und die ihm folgenden, schlage ich mir immer wieder aus dem Kopf: Sollten wir heiraten wollen, so müsste ich zum Islam konvertieren. Er – dieses Thema diskutieren wir seit Beginn unserer Freundschaft – würde von mir nicht nur ein Kopftuch, sondern den Niqab, die Vollverschleierung, verlangen. Unsere Töchter müssten ebenfalls Kopftücher tragen, und zwar nicht erst ab der Pubertät, sondern schon im Kindesalter, „damit sie sich gleich daran gewöhnen", womit er sich für mich als Ehemann disqualifiziert.

Normalerweise ist es mir ein Vergnügen, ihm bei der Einhaltung seiner religiösen Gebote, beim Kochen behilflich zu sein, schließlich fährt er tagein, tagaus sicher und so zügig es der alte Dieselmotor auf den immer schlechter werdenden Straßen erlaubt. Die Rollenverteilung haben wir beide nicht nur in diesem Punkt schon längst ausdiskutiert. Und wer weiß, wie wenig einem tagsüber fastenden Menschen schon eine Freude bereitet, der hilft gern. Nur heute, in Gedanken noch bei der armen Rashida, wollte bei mir keine rechte Freude bei der Ramadan-Assistenz aufkommen. Dabei scheint das Essen, Spaghetti mit einer Gemüsebolognese und der gemischte Salat mit Datteln und Schafskäse, Sharif heute ganz besonders gut zu schmecken. Er bedenkt mich mit einem Kompliment, welches andere Frauen wahrscheinlich als eine der schlimmstmöglichen Beleidigungen empfunden hätten: „Wie du immer aus nichts etwas zaubern kannst! Jasna, wenn du so weitermachst, nehme ich dich wirklich noch als Zweitfrau. Deine Qualitäten können wir in Arabien gut brauchen!", umschwärmt mich der dem Pass nach deutsche junge Mann, der sein Abitur auf einem evangelischen Gymnasium mit den Leistungskursen Religion und Politik bestand. Ich scherze zurück, dass diese Worte das Schönste seien, was mir je ein Mann gesagt habe, bestehe aber darauf, dass er sich überlegen solle, ob ich nicht doch das Zeug zur Erstfrau hätte. Er gibt zu, dass er es sich gut mit mir vorstellen könnte, ich ihm aber zu aufmüpfig gegen die Traditionen sei, ihm nicht den Rücken freizuhalten bereit wäre wie eine aufopferungswillige Araberin, die zeit ihres jungfräulichen Lebens ausschließlich auf die Ehe hin erzogen wurde. Er wirft mir weiter vor, mich ohnehin nur journalistisch für den Islam zu interessieren, und fügt hinzu, dass er keine Frau wolle, die die religiösen Regeln nicht befolge. Außerdem sei ich viel zu alt. All das höre ich nicht zum ersten Mal, kann ihn aber nicht, wie sonst, scherzhaft knuffen und boxen, da der Ramadan uns jegliche Art von Körperkontakt noch strenger als ohnehin verbietet. Daran habe ich mich zu halten, also feixen wir verbal weiter, bis sich die Anspannung des Tages komplett entladen hat.

Nach einer amüsanten einstündigen Pause beschließt er, mir aus Dankbarkeit für das perfekte Timing beim Kochen den Abwasch abzunehmen. Die LKW-Fahrer um uns beäugen das Geschehen ungläubig. Bei all den Vorurteilen und Gerüchten, die in Serbien und auch Bulgarien über seine Glaubensgemeinschaft existieren, haben sie es anscheinend für nicht möglich gehalten, dass ein bärtiger Mann im langen Kleid, der Dschalabiya, die Sharif manchmal zum Beten anzieht, den Abwasch macht – während die Frau im Taschenlampenlicht die alles andere als erfreulichen ADAC-Reisehinweise für Bulgarien studiert. Ich gehe zur Pumpe, an der Sharif im Beduinen-Stil hockt. Er schrubbt die Pfanne und schaut zu mir auf, als ich ihm die Hinweise des Auswärtigen Amtes, die der ADAC dankenswerterweise in die Broschüre zur Straßenkarte aufgenommen hat, vortrage: „Individualtouristen oder Transitreisende, die mit eigenem PKW nach Bulgarien fahren, werden darauf hingewiesen, dass bei Einreise mit dem eigenen Kraftfahrzeug dieses in den Reisepass eingetragen wird und bei Ausreise wieder ausgeführt werden muss. KFZ-Diebstähle kommen häufig vor. Hochwertige PKW aus westeuropäischer Produktion und mit ausländischem Zulassungskennzeichen sind bevorzugte Ziele von Diebstählen."

„Na, da haben wir nichts zu befürchten. Wer will unsere Rostlaube schon klauen? Weiß ja keiner, was in ihr steckt", kommentiert Sharif gewohnt unerschrocken. Als Sicherheitsmaßnahme beschließen wir, nur auf bewachten Parkplätzen zu halten und die Gardinen noch sorgfältiger als sonst zuzuziehen. Unsere Computer, die Kameraausrüstung und die perfekte Busküche wären eine schöne Beute. Bei unserer Tour durch die Ukraine wurde uns eine mühsam selbst gebastelte Kombination aus Kühlschrank und Herd gestohlen. Samt Gasflasche, Pfannen und Töpfen. Da wir auch damals der Tarnung vertrauten, die ein altes Auto verspricht, stand zum Glück unser aufgebrochener Sprinter noch vor der Dorfpension im Norden der Ukraine. Die anderen Pensionsgäste beglückwünschten uns, dass man uns die Reifen und den Motor, überhaupt das ganze Auto gelassen hatte. Sie selbst hatten ihre Wagen auf dem bewachten Pensionsparkplatz in Sicherheit gebracht. Doch der war, als wir kamen, leider schon restlos überfüllt. Diesmal darf uns so etwas nicht passieren, vor allem, weil Auswärtiges Amt und ADAC ausdrücklich vor Fahrten in der bulgarischen Nacht warnen. Ich lese weiter vor: „In diesem Zusammenhang und wegen der schlechten Straßenverhältnisse wird von Fahrten bei Dunkelheit und vom Übernachten im Auto am Straßenrand nachdrücklich abgeraten. Das Auswärtige Amt weist darauf hin, dass im Falle des Diebstahls eines vorübergehend nach Bulgarien eingeführten KFZ sowohl der Einfuhrzoll als auch die Mehrwertsteuer für das betreffende Fahrzeug an die zuständigen bulgarischen Behörden entrichtet werden müssen. Die zu zahlenden Beträge liegen zwischen 1000 und 10 000 Euro. Gegen Abgabe einer schriftlichen Erklärung, dass der betroffene Reisende keine Geldmittel oder sonstiges Vermögen in Bulgarien hat, ist jedoch die Ausreise ohne Zahlung möglich. Die Zahlungsverpflichtung an sich bleibt allerdings bestehen. Dies kann, sofern der geforderte Betrag nach der Ausreise nicht bezahlt wird, gegebenenfalls bei einer erneuten Einreise zu Problemen führen."

„Wow", ruft Sharif voller Abenteuerlust, „jetzt beginnt der wilde Osten! Vielleicht sollte immer einer beim Auto bleiben … zum Glück haben wir Rico dabei, der kann ja aufpassen, wenn wir auf Recherche gehen … und die Bulgaren gehören in ein paar Monaten zur EU, da ist ja Jordanien zivilisierter … wir werden sehen, inscha'allah."

Kapitel 4

Von Serbien nach Bulgarien

Sharif hat natürlich noch eine Idee, wie wir uns und unser rollendes Heim vor all den Gottlosen auf dem Balkan schützen können: durch ein längeres, inbrünstig gesprochenes Reisegebet. Danach heißt es wieder aufbrechen, denn Sofia, zumindest Bulgarien, wollen wir auf dieser Etappe noch erreichen.

Nach zwei, drei Stunden Fahrt durch ein Serbien, das uns aufgrund der nahenden potenziellen Gefahren Bulgariens so viel sympathischer erscheint als noch zuvor in Belgrad, erreichen wir die Grenzstadt Dimitrovgrad und finden uns flugs vor den recht groß angelegten Grenzanlagen wieder. In rund 15 Meter Höhe schwebt über den zahlreichen Kontrollbuden ein riesiges, über hundert Meter langes und über die gesamte Grenzanlage wachendes Schild, das die „Republic of Bulgaria" ankündigt. Ein Uniformierter weist uns auf Englisch an, langsam zu fahren, erklärt uns etwas auf Bulgarisch und fordert dann: „Funf Euro Desinfektionsgebuhr." Wir tun, was er verlangt. Wir müssen durch eine Wanne fahren und fünf Euro dafür zahlen, dass wir nun amtlich frei von Vogelgrippe- und Klauenseuche-Erregern sind und somit in den neuen EU-Anwärterstaat einreisen dürfen. Dieses Procedere wird sich von nun an bei jedem Grenzübergang wiederholen.

Als wir uns in die kurze Warteschlange einreihen, die hauptsächlich aus LKWs besteht, sehen wir ein sehr EU-artig anmutendes Schild mit weißer Schrift auf blauem Grund, das uns „Schon willkommen in Bulgarien" heißt, was uns belustigt. Beim Stop-and-Go in der Autoschlange säuft unser Dumbo zweimal ab. Trotz all der alten, stinkenden LKWs haben wir das ärmlichste Gefährt an dieser Balkan-Grenze. Das gibt mir ein Gefühl der Sicherheit, das ich mit einem normalen, gepflegten deutschen Wohnmobil so nicht gehabt hätte. Trotzdem bekomme ich ein wenig Angst: Wer uns beobachtet, weiß spätestens jetzt, dass wir mit technischen Problemen zu kämpfen haben. Ob sich die bulgarischen Wegelagerer schon per Funk über unsere Einreise in der Dunkelheit verständigt haben? Das deutsche Nummernschild verspricht immerhin, dass Bargeld, deutsche Pässe und Standard-Elektronikgeräte, die westliche Reisende meist bei sich haben, an Bord sein müssen.

Ich beobachte eine große Roma-Familie, „cigan", wie die Serben sie nennen, in bunten, alten Kleidern aus der Warteschlange heraus. Sie tragen ihre Habseligkeiten in Plastiktüten und Säcken und streiten sich energisch. Der Mann scheint wütend auf die Frau zu sein. Er versetzt ihr Tritte in den buntberockten Allerwertesten, was sie zum Stolpern und zu großem Geschrei veranlasst. Als sie nach dem dritten, energischen Tritt des Mannes zu Boden zu fallen droht, kann sich die Frau, eindeutig über sechzig, gerade noch an einer Mülltonne kurz vor dem Grenzhäuschen festhalten. Daraufhin treten drei der mit ihr reisenden Halbstarken, womöglich ihre Söhne oder gar Enkel, auf die schwer bepackte Alte ein. Ein Grenzbeamter kommt aus seinem Häuschen, schimpft auf die Schar und verjagt sie mit angedeuteten Schlägen. Die einzelnen Mitglieder der abendlichen Fußgänger-Reisegruppe laufen auseinander und lassen die ältere Frau mit ihrem Gepäck, einem vollgestopften Bettbezug, einfach auf dem Boden liegen. Ich will aus dem Wagen springen und helfen, als Sharif mich an den Grundsatz erinnert, kein Aufsehen an Grenzen zu erregen. Außerdem: Ob ich denn nicht wisse, dass die Keiferei auch ein

Trick sein könne, ob ich mich denn nicht mehr an die ukrainischen Roma-Kids auf unserer letzten Bus-Tour erinnere, mit denen wir Mitleid hatten, ihnen eine Melone schenkten und zum Dank ihre Hände plötzlich überall am Leib und im Auto hatten? Schweren Herzens kümmere ich mich nicht um die alte Frau.

Zu uns sind die bulgarischen Grenzer bei der Einreise sehr freundlich. Mehrfach werden wir willkommen geheißen und unser Bus nicht kontrolliert. Aber eine Vignette für acht Euro bräuchten wir unbedingt, sie sei neben dem Grenzhäuschen zu erwerben. Wir erhalten ein vierseitiges Informationsblatt, in dem steht, dass wir willkommen seien, aber niemandem auf der Straße vertrauen könnten, nachts überhaupt keine Überlandfahrten zu unternehmen hätten und nirgendwo auf offener Strecke halten dürften. Zudem seien die Straßen in schlechtem Zustand, weshalb Achsenbrüche zu befürchten seien, außerdem sei die Polizei nachts nicht außerhalb geschlossener Ortschaften auf Patrouille. Wer uns im Falle eines technischen Problems aber sofort finden würde, erklärt uns der besorgte Grenzer, seien die kriminellen Banden, bewaffnete Wegelagerer, „natürlich" seien es „Zigeuner", keine Bulgaren, aber helfen könne uns in diesem Fall niemand. Da die Banden sich laut Informationsblatt des „Ministeriums für Desaster und Unfälle" auch als Polizisten verkleideten und ahnungslose Reisende anhielten und ausraubten, sind Fotos von offiziellen Verkehrspolizisten abgebildet, die aber nachts ohnehin nicht unterwegs sind. Wir könnten für eine Durchfahrt durch das Land für 24 Stunden einen GPS-Alarmknopf mieten und im Bus installieren, so hätten wir wenigstens die Sicherheit, die Polizei informieren zu können. Da wir aber planen, länger zu bleiben, beschließt Sharif, ein besonders intensives Reisegebet aus seinem kleinen Gebetbüchlein zu sprechen. Zudem legt er unsere Axt, die wir sonst nur zum Reparieren des Motors bzw. zum Zurechthauen, wenn sich mal wieder einige Schrauben gelöst haben, benutzen, sowie sein Messer neben den Fahrersitz. Den Teleskop-Schlagstock hat er ohnehin stets griffbereit auf der Innenseite der Fahrertür verstaut. Ich krame das Pfefferspray aus meiner Handtasche und lege es während der Fahrt auf der unbeleuchteten Landstraße nicht aus der Hand. Die knapp hundert Kilometer bis zur Hauptstadt wollen wir noch vor Mitternacht zurücklegen. Trotz der katastrophalen Verhältnisse – die Landstraße ist finster, hat unbefestigte Straßenränder und ist mit Schlaglöchern übersät – gelingt es uns unbeschadet.

Nach knapp zwei Stunden Fahrt durch ländliche, immer bergiger werdende Dunkelheit kündigt sich Sofia an, die auf 545 Metern eine der höchstgelegenen Hauptstädte in Europa ist – „die Stadt, die seit sechstausend Jahren wächst, aber nicht altert", am Fuße des sich im Mondlicht am Horizont abzeichnenden, bis zu 2290 Meter hohen Vitoscha-Gebirges. Die Straßen werden nun durch sozialistische, schummerige Energiesparlaternen beschienen und führen plötzlich durch hässliche, ungepflegte Trabantensiedlungen voller Plattenbauten. Sie tragen die klangvollen sozialistischen Namen Drushba (Freundschaft), Mladost (Jugend) und Nadeschda (Hoffnung), aber keine von den Siedlungen strahlt heute aus, was in den 1960ern einst so optimistisch in sie hineinprojiziert wurde. Dass Sofia wächst, ist offensichtlich, dass die Stadt mangels Instandhaltung nicht nur am Altern, sondern am Verfallen ist, werden wir in den kommenden Tagen beobachten.

Wir orientieren uns an einigen wenigen Schildern Richtung Stadtzentrum und halten auf dem Parkplatz eines Supermarktes. „Siehst du?", schmunzelt Sharif, als wir diesen erleuchteten, also vermeintlich sicheren Platz in der Hauptstadt finden und unser Lager aufschlagen, „Allah hat uns schon wieder beschützt. Wie du deine Augen immer noch so vor der

Realität verschließen kannst!" Worauf ich, wie so oft, erwidere, dass ich noch Zeit brauche, um Gott zu finden, aber schon einmal sehr glücklich sei, dass Allah ihn mir als Schutzengel zur Seite gestellt habe.

Am nächsten Morgen erwachen wir mitten in der bulgarischen Hauptstadt, auf dem Parkplatz herrscht reger Betrieb. Auch nicht viel besser als auf einer Autobahnraststätte, denke ich, aber wenigstens zentraler. Rico und ich fragen freundlich nach Erlaubnis, uns auf der Supermarkttoilette waschen und unsere Kanister auffüllen zu dürfen, was uns nach einigen Verständigungsschwierigkeiten auch gestattet wird. Da ich ins Internetcafé will, steige ich auf mein Fahrrad und lasse Sharif noch ein wenig schlummern. Ich fahre durch malerische Gassen, einst im Wiener Stil gebaut, deren pittoreske Patina dem Jahrzehnte währenden Sozialismus zu verdanken ist. „Pittoreske Patina", schießt es mir durch den Kopf, bedeutet für die Menschen hier „Leben im Verfall", gegen den sich nun, in der post-sozialistischen Ego-Gesellschaft, kein Staat mehr zu wenden sucht. Nur Immobilienspekulanten werden sich bald, nach EU-Beitritt, der wundervollen alten Bauten annehmen, EU-Projektgelder kassieren, die alten Bewohner vertreiben, um nach Instandsetzung horrende Mieten von den Neureichen in den klassizistischen oder Jugendstilhäusern verlangen zu können. Die allgegenwärtigen hohen Platanen und Akazien, in deren Geäst sich das Sonnenlicht bricht, nehmen dem Verfall den Schrecken. Atmosphärisch dicht, historisch und nostalgisch: auf den ersten Blick gefällt mir Sofia.

Im Café, einer Spielhalle eher, wird mir mal wieder bewiesen, dass die Generation Cyberspace international gleichgeschaltet ist: Kids, Jungs zwischen sieben und vierzehn Jahren, spielen die gleichen Ballerspiele wie meine kleinen kroatischen Cousins, einige wenige meiner deutschen Freunde und die Internetcafé-Besucher in Syrien und im Libanon. Schlechter löslicher Kaffee wird mir als Espresso verkauft, und ich kann meine Daten – Texte, die ich auf dem Laptop geschrieben habe und die ich dringend nach Berlin schicken muss – nicht vom USB-Stick ziehen, da das wegen „Security" nicht gestattet ist. Trotz „Security" ist der Desktop des Computers voll von scheinbar beliebig heruntergeladenen Ballerspielen und Sex-Dateien.

Zurück auf der Straße muss ich mich vor den quietschenden, rumpelnden Straßenbahnen in Acht nehmen. Seit der Wende fahren in Sofia die alten, orange-weißen Ikarus-Trams aus DDR-Produktion, die ihrem Namen wahrscheinlich schon zur Wendezeit keine Ehre mehr machen konnten. Hier zuckeln sie tagein, tagaus über die Schienen auf dem immer etwas angeschlagenen Kopfsteinpflaster, entlang der einst nach Wiener Vorbild erschaffenen Alleen mit ihren prachtvollen alten Bäumen. Meine Jungs sind noch am Bus. Als ich Rico von der Straßenbahn berichte, beschließt er spontan, eine Fahrt ins Blaue zu machen. Mit den sächsisch ausgesprochenen Worten „Ich geh dann mal ein bisschen Straßenbahn fahren" verabschiedet er sich für den Tag. Der Gedanke, in Bulgarien Muslime zu suchen, erscheint ihm zu langweilig. Schon in der DDR genossen die Bulgarinnen einen aufregenden Ruf. Ob es das ist, was er auf der Straßenbahntour näher erkunden möchte?

Die Moschee zu finden gestaltet sich nicht schwer. Sharif und ich spazieren über einen Wochenmarkt, den sogenannten Frauenmarkt. Dort werden nicht nur Obst und Gemüse, sondern auch sämtlicher Haushaltsbedarf, Kleidung und selbst orientalische Wasserpfeifen von alten Frauen in farbenfrohen Polyester-Hauskleidern feilgeboten. Ein ärmlicher, bescheiden-liebevoll dekorierter Bauernmarkt und Kaufhaus für Alltägliches in einem. Die einzige noch aktive Moschee in Sofia, die Banja-Baschi-Moschee, liegt direkt im Zentrum, am ehemaligen Prachtboulevard Maria Luisa gegenüber dem immer vollen „Magdonalds", wie die US-Fastfoodkette hier heißt. Das 1576 gebaute Gotteshaus ist gut erhalten, und es schallt sogar fünfmal täglich ein leiser Ruf des Muezzins über den Lautsprecher auf die zentrale Straße der bulgarischen Hauptstadt. Doch es ist ein wenig erschreckend, dass von der 500-jährigen islamischen Geschichte des Landes in der Hauptstadt nur eine von einst über fünfzig Moscheen übrig geblieben ist – und das bei rund 1,2 Millionen Muslimen, also immerhin 15 Prozent der Bevölkerung. Rund eine Million Menschen bekennen sich zu Allah. Doch diese Million ist mitnichten homogen: Unter ihnen stellen ethnische Türken mit 747 000 die größte Gruppe, dazu gibt es 131 000 Pomaken – so nennen sich Bulgaren, die im Zuge der türkischen Herrschaft zum Islam konvertierten –, 103 000 Roma und 20 000 Migranten muslimischen Glaubens, so z. B. Araber, Iraner, aber auch Tataren, Tscherkessen und Kurden.

Da der Spätsommertag schon frühmorgens versprach, heiß zu werden, hatte ich ein ärmelloses T-Shirt angezogen, was mir den Eintritt zur Moschee unmöglich machte. Kopftücher werden hier am Eingang zwar verliehen, aber keine alles verhüllenden Abbayas, wie in manchen Moscheen der arabischen Welt. Als ich Sharif bitte, einen Interviewtermin mit dem Imam, gerne auch außerhalb der Moschee, für mich zu vereinbaren, zischt er mich böse an. Bei der Kleiderordnung, die natürlich auch für mich zu gelten habe, wenn ich mich denn in seine Welt begebe, kennt er kein Pardon. „Was soll der Imam von mir denken, wenn ich vor ihm auftauche und ihm erzähle, dass du so gekleidet mit ihm sprechen willst?" Er schickt mich fort und geht erst einmal beten, nimmt danach aber Kontakt mit dem Imam für mich auf und vereinbart einen Gesprächstermin. Unterdessen schlendere

ich durch die Stadt und besuche die nahe bei der Moschee ge-
legene Synagoge, die von dem österreichischen Architekten
Friedrich Grünanger 1909 im spanisch-maurischen Stil mit einem kleinen Schuss Wiener Secession für bis zu 1300 jüdische
Betende errichtet wurde. Mittlerweile, so teilt mir der Pförtner
mit, finden sich nur noch fünfzig, sechzig Gläubige zu den
Gottesdiensten am Schabbat ein, da die meisten bulgarischen
Juden bereits die Aliya, die Rückkehr nach Israel, vollzogen
hätten und einige wenige zwar hier verblieben seien, ihren
Glauben aber nicht mehr aktiv ausübten. Anfeindungen aus
der nur drei Gehminuten entfernt liegenden islamischen Gemeinde habe es noch nie gegeben.

Ich hole Sharif nun, rund eine Stunde nach dem Duhur
(Mittagsgebet), von der Moschee ab. Er ist, freundlich plau-
dernd, mit seinen Glaubensgenossen im Gespräch. Einige arabisch gekleidete Frauen stehen ebenfalls in Gruppen vor dem
Eingang, haben ihre Kinder an der Hand oder auf dem Arm.
Zu unserer Verwunderung ist unter den rund zwanzig Personen vor der Moschee kein einziger „Bulgarien-Türke" oder
Pomake. Die Brüder und Schwestern, die Sharif hier trifft, sind
palästinensische oder irakische Flüchtlinge, die zu den einheimischen, den türkischen Muslimen keinen Kontakt haben. Er
berichtet, dass er wie immer freundlich in der Gemeinde aufgenommen worden sei und dass der Imam am kommenden
Nachmittag gerne mit uns über die Situation der Muslime
sprechen möchte, vorausgesetzt, ich würde mich endlich
„korrekt kleiden".

Mein Begleiter ist jetzt, am frühen Nachmittag, noch nicht
besonders hungrig, so dass wir durch die Stadt schlendern
können, vorbei an der Alexander-Nevsky-Kathedrale mit ihren
weithin sichtbaren Goldkuppeln, die zu Beginn des 20. Jahrhunderts erbaut wurde, zum Dank für die Befreiung von den
Osmanen 1878. Und zur Erinnerung an die rund 200000 Rus-

sen, die dafür ihr Leben lassen mussten. Direkt daneben steht das Denkmal für die Befreier, ein paar Schritte weiter das Grab des unbekannten Soldaten. Die Befreiung von der osmanischen Herrschaft ist, im Gegensatz zur Erinnerung an die türkische Periode, allgegenwärtig. Wir begegnen keinen anderen Touristen. Auf den Straßen flanieren, spazieren, eilen Großstädter umher, bahnen sich ihren Weg durch die von Polizisten geregelte Blechlawine aus alten Ostblock- und einigen modernen West-Fahrzeugen. Männer tragen Anzüge oder Jacketts, oft abgetragen, aber mit gebügelten, strahlend weißen Hemden. Frauen sieht man in kurzen Röcken, hohen Schuhen, die jüngeren sind schon tagsüber wie für eine Abendveranstaltung gestylt, nur billiger und aufreizender als bei uns in Deutschland. Lediglich einige wenige Straßenhändler, Sinti und Roma, passen nicht in das Bild dieser Metropole, in der, wie schon in Belgrad, ein jeder versucht, mit beschränkten Mitteln das Beste aus sich zu machen. Wir sehen abseits der Moschee keine Frauen mit Kopftuch, nichts, was uns auf die Fährte der über eine Million Muslime in diesem Land bringen könnte. In den 1980er Jahren kam es zur „Bulgarisierung", zur verordneten Änderung türkischer in bulgarische Namen, der verordneten Verleugnung einer Kultur. Ob die 300 000 bulgarischen Türken, die im Zuge dieser Kampagne das Land verließen, zuvor in Sofia lebten? Ob die anderen sich einfach stillschweigend assimilierten?

Sharif braucht wieder Fleisch für sein Iftar. Erwartungsvoll machen wir uns auf die Suche nach einem Geschäft mit islamischen Lebensmitteln. Nach nur fünf Minuten werden wir fündig. An einem Schaufenster in einer Seitenstraße des Boulevard Maria Luisa prangt die Zedernflagge des Libanon in strahlenden Farben. Ein arabischer Schriftzug verspricht, dass hier „halal", also islamisch korrekt geschächtetes Fleisch, zu kaufen sei. Wir betreten den Laden, in dem es genau wie in Arabien nach Gewürzen und frischen Kräutern duftet, und beginnen ein Gespräch mit den drei Inhabern.

Sharif wird herzlich, fast brüderlich willkommen geheißen, ich, die Deutsche, die langsam und vorsichtig Sätze auf Hocharabisch zusammenbaut, werde erst mit ungläubigem Staunen empfangen, dann aber nicht weniger herzlich zum Tee eingeladen. Gerne nehme ich an, der fastende Sharif natürlich nicht. Die drei Herren in mittlerem Alter scheinen sich nicht um den Ramadan zu scheren. In der Verschiedenheit ihrer Herkunft repräsentieren sie einen schönen Teil der multiethnischen Vielfalt ihres Heimatlandes. Mohammad ist sunnitischer Muslim aus Beirut, Sadiq ist Schiit aus dem Süden des Landes, und Hamza kommt aus einer drusischen Familie – ursprünglich. Denn die drei Männer, die seit 15 Jahren die Metzgerei und den kleinen Import-Lebensmittelladen mit den arabischen Spezialitäten führen, haben ihre aktive Religionsausübung mit der Einreise als Flüchtlinge nach Bulgarien ad acta gelegt und sogar ungläubige Bulgarinnen geheiratet. Obwohl sie natürlich noch an Allah glaubten, aber alles nicht mehr so streng sähen. Ihre Töchter dürften männliche Freunde mit nach Hause bringen, und natürlich hätten sie nichts dagegen, wenn sie auch einen Bulgaren heirateten.

Kopftücher zu tragen hätten sie ihren Frauen und Töchtern nie nahegelegt – auf die Idee sei keiner der drei je gekommen –, man lebe jetzt hier, und Anpassung sei nicht das Schlechteste in einem Land, in dem man als Gast gerne lange und ruhig leben wolle. Hamza sagt, dass er, seit er gut Bulgarisch sprechen kann, sich voll integriert fühle. „Wir hatten noch nie Ärger mit den Behörden, den Nachbarn oder wem auch immer – zumindest nicht, weil wir Araber oder Muslime sind", erzählt Mohammad, und Sadiq und Hamza nicken eifrig. „Wir sind gesetzestreue Bürger, und die Bulgaren sind gute Menschen. Ich glaube, der Sozialismus war gar nicht so schlecht, sonst hätte die Bevölkerung ja keine Erziehung zur Gemeinschaft, wie wir im Islam, gehabt. Mit meinen bulgarischen Freunden gehe ich manchmal sogar einen trinken, denn Alkohol in Maßen ist auch nicht so schlimm, wie es bei uns im Qur'an steht. Der Prophet hat ja Alkohol auch erst spät verboten, als das Trinken immer wieder ausuferte, aber mit etwas Maß kann man damit klarkommen und gut leben. Alkohol ist für die Gesellschaft hier wichtig. So verschieden sind die Systeme: In Arabien sollen alle Brüder sein und bekämpfen sich, obwohl sie an denselben Gott und dieselben Gebote glauben, bis aufs Blut – hier gehst du mit den Bulgaren trinken, und dann werden sie wie Brüder!" Er lacht, und seine beiden Geschäftspartner stimmen ein. Über die bulgarischen Türken wissen die Libanesen nicht viel, außer, dass diese auch „nicht sehr islamisch" seien, denn eine türkische Moschee gebe es in Sofia nicht. Sie erinnern sich aber an die hysterische Reaktion der Bevölkerung bzw. der lokalen Presse, als die Banja-Baschi-Moschee vor einigen Jahren wieder eröffnet wurde. Man befürchtete ein Wiederaufflammen des Osmanentums, was aber ausblieb.

Wir kaufen Fladenbrot, Minze und zwei Kilo Lammfleisch, wobei sich Sharif nicht sicher ist, ob zwar korrekt, aber von Alkoholtrinkern geschächtetes Fleisch noch „halal" sei. Ich beruhige ihn mit den Worten, dass sie das sicherlich korrekt geregelt hätten, bestimmt sei der Schächter ein praktizierender Muslim, da es, und das wisse selbst ein abtrünniger Muslim, eine schlimme Sünde wäre, Fleisch, das kein Halal-Fleisch ist, als solches auszuzeichnen.

Als Sharif sich am Nachmittag etwas hinlegt, spaziere ich allein durch die Stadt. Er hat am nächsten Tag Geburtstag, und ich brauche noch einen Kuchen und ein Geschenk. Ich finde sein Geburtstagsgeschenk in einer feinen Süßwarenboutique.

Für deutsche Verhältnisse fällt es äußerst bescheiden aus, doch gemessen am bulgarischen Durchschnittseinkommen, das bei rund 200 Euro liegt, ist meine 300-Gramm-Nougatschokolade für sechs Euro, Schweizer Herkunft natürlich, ein wahrer Luxus. Ich plaudere ein wenig in gebrochenem Englisch mit ein paar Straßenmusikern, die vor lauter Begeisterung, eine Deutsche zu treffen, mitten in der Fußgängerzone eine Rockversion der deutschen Nationalhymne hinlegen. Danach lerne ich in einem Café einige junge Frauen, Studentinnen, kennen, die mir bereitwillig Auskunft geben. Mit Türken hätten sie nichts zu tun, die lebten eher im Nordosten, hier jedenfalls nicht mehr, und das sei auch gut so. Sollen sie doch in die Türkei gehen, wenn sie ihre Frauen unterdrücken wollten, im Sozialismus sei Gleichberechtigung großgeschrieben worden, und die bulgarischen Männer seien so modern, dass sie sich natürlich eine studierte Frau mit einem guten Job wünschten. Die Studentinnen allerdings hätten auch nichts gegen einen Mann aus dem Westen einzuwenden, in Deutschland oder Österreich zu leben sei ein großer Traum, den sie sich jeden Sommer aufs Neue an der Schwarzmeerküste, in den Urlaubsregionen, die auch von Westlern gerne besucht werden, zu erfüllen versuchten. Mehr als Sommerflirts und das immer wieder gebrochene Versprechen, in Kontakt zu bleiben, sei dabei aber bisher nicht herausgekommen. Für den Abend verabreden wir uns. Sie wollen mich in ihre Lieblingsdisco mitnehmen.

Pünktlich eine halbe Stunde vor Sonnenuntergang finde ich mich wieder am Supermarktparkplatz ein. Doch obwohl wir Fleisch im Bus haben, soll ich nicht kochen, denn das Iftar wird in der Moschee immer mit einem kostenlosen gemeinsamen Essen gefeiert. Sharif ist natürlich eingeladen. Ich lege mich hin und sinniere ein wenig über das scheinbar weltweit funktionierende System Islam, ähnlich den weltumspannenden, auf der Besonderheit und dem kulturellen Zusammenhalt in der Diaspora beruhenden persischen und jüdischen Netzwerken. Hätte er keinen Schlafplatz, würde Sharif jederzeit zum Übernachten bei seinen Brüdern eingeladen, großzügig bekocht werden und Töchter zum Heiraten angeboten bekommen. Als erkennbar guter Muslim könnte er sich weltweit der Unterstützung beim Aufbau einer neuen Existenz im Umkreis jeder aktiven Moscheegemeinde sicher sein. Dieses System fußt auf strikten Regeln, auf der arabischen Sprache, auf korrekten Höflichkeitsformen und auf der Kenntnis des Qur'an. Und da Sharif sich stets bemüht, das aufwändige koranische Hocharabisch zu sprechen, das nur wenige Araber fließend beherrschen, kann er allein durch seine Wortwahl und Aussprache beweisen, dass er ein guter, praktizierender Muslim ist. Für seine Brüder wird es so zur Pflicht und auch zur Ehre, ihm, dem jungen Hadschi, wie die Männer genannt werden, die die Pilgerfahrt nach Mekka bereits unternommen haben, zur Seite zu stehen.

Als er aus der Moschee zurückkommt, habe ich mich so schick gemacht, wie es der begrenzte Rahmen meiner Ausstattung erlaubt, und freue mich auf meine neue Mädchenclique. Das einzig wirklich elegante Kleid, das ich dabeihabe, will ich mir für den Libanon, wo Schick ein Muss ist, aufheben. Außerdem will ich trotz des Wunsches einer jeden Frau, immer so gut wie möglich auszusehen, hier nichts provozieren. Sharif ist satt und glücklich und muss sich zunächst einmal hinlegen. Rico ruht sich schon den ganzen Tag von seiner stundenlangen Straßenbahnfahrt aus, nachdem er sich verfahren hatte und nur mit seinem Rest-Schulrussisch und viel Glück unseren Supermarktparkplatz überhaupt wiedergefunden hat. Mit meinem Fahrrad verabschiede ich mich.

Die Ladys treffe ich in einem großen Bar-Restaurant, das wie ein amerikanisches Diner, aber in den bulgarischen Nationalfarben Weiß, Grün und Rot dekoriert ist. Die Kellnerinnen sind alle ausnahmslos hübsch und scheinen sich in ihrer Dienstkleidung – weißen Strumpfhosen, grünen Micro-Röckchen und knallengen roten Hemdchen – wohl zu fühlen. Gibt es diese Art des Sexismus auch in Deutschland?

Meine neuen Bekannten haben sich herausgeputzt mit viel Make-up und engen Stone-washed-Jeans zu Absatzstiefelchen. Sie tragen wilde Achtzigerjahre-Mähnen, aber auch die schrägen Frisuren westlicher Trendsetter mit eingefärbten Strähnchen. Wir essen Pizza, trinken bulgarischen Rotwein und verstehen uns großartig. Ich frage sie nach den Besonderheiten der bulgarischen Männer aus, sie mich nach Deutschland, nach der Reise: eine lustige, harmlose Plauderei unter Mädels. Mir fällt auf, wie sehr Sharif und sein Ramadan mein Leben bestimmen, und ich beschließe, dass ich ein wenig Spaß in meiner Welt, und sei es in Bulgarien, verdient habe. Die jungen Frauen, deren Land bald zur erweiterten EU gehören wird, versprühen deutlich mehr Lebensfreude als die desperaten jungen Serben, und sie stecken mich an.

Mit einem Taxi, das ich gerne zahle, fahren wir zu einer dreistöckigen Disco, in der breitschultrige, Anzug tragende Security-Männer strenge Gesichtskontrollen durchführen. Ein aufwändig und mit viel Glitzer zurechtgemachter, offensichtlich homosexueller Afroamerikaner bittet uns nach bestandener Musterung auf Englisch herein. Drei Euro Eintritt, Taschenkontrolle, keine Fotos! Insgesamt zehn Männer regeln den Eintritt durch zwei Türen. Freundin Antoineta – kurz: Tony, die Einzige, deren Namen ich mir sofort merken kann – erklärt mir, dass es hier zu fortgeschrittener Stunde regelmäßig Schlägereien und Messerstechereien gebe, dass ich mich aber nicht sorgen solle, da es sich meist um rivalisierende Mafia-artige Bandenmitglieder, Grupirovskis, handele, die kein Interesse hätten, Unbeteiligte in ihre Kämpfe zu verwickeln. Die Musik im Club ist ohrenbetäubend, neben internationaler Euro-Techno-Musik wird auch die einheimische Variante, Chalga, Bulgaro-Folk-Pop, gespielt und, so wild es die hohen Plastikschuhe der Damen erlauben, getanzt. Als ich nach dem Nationalgetränk, dem Rakija, frage, winkt Tony ab. Hier ist es en mode, Wodka-Longdrinks für sieben oder zehn Euro zu trinken, nur muss frau warten, bis sich ein Gönner findet, der nicht zu alt ist, nicht zu schlecht aussieht und auch noch charmant ist.

Siedend heiß fällt mir ein, dass Sharif im Bus auf mich wartet und ich mit ihm in seinen Geburtstag reinfeiern wollte. Schnell tausche ich noch E-Mail-Adressen mit Tony und suche mir ein Taxi, was sich gar nicht so einfach gestaltet, denn die Mädchen und der ADAC warnen vor illegalen Taxen und selbst vor registrierten. Angeblich sollen nur die Fahrer einer Firma, die sich „OK Taxi" nennt, vertrauenswürdig sein. Doch diese Regel scheinen auch die anderen Discogängerinnen zu kennen, ich muss mich anstellen und auf das nächste „OK Taxi" warten, das mich zu meinem Fahrrad unweit des Busses bringt. Als ich nach Hause, auf unseren Parkplatz komme, freut sich Sharif, der sich schon ernsthaft Sorgen um mich gemacht hat. Obwohl es schon nach Mitternacht ist, hole ich den versteckten Kuchen, die hässliche Vor-Wende-Geburtstagskarte mit Glückwünschen in der Landessprache und die edle Schokolade, über die er sich ehrlich freut. Ich zünde eine Kerze an und singe „Kullu sanna wa anta bichair", das „Happy Birthday" auf Arabisch. Danach plaudern und scherzen wir, ich berichte von meinem Ausflug ins Nachtleben, das er gerne auch kennengelernt hätte, wäre nicht gerade Ramadan. Natürlich merkt er mir an, dass ich Alkohol getrunken habe. Doch findet er mein Gekicher und meine Scherze niedlich und fragt mich zum ersten Mal genau nach der Wirkung von Alkohol aus, die ihm wohl zeit seines Lebens verschlossen bleiben wird. „Wenn ich kein Muslim wäre, würde mir das bestimmt auch gefallen. Aber du weißt, meine Religion ist ein 24-Stunden-Job, was soll ich machen, ich bin so geboren. Wir leben für das Paradies."

Am nächsten Morgen geschieht ein kleines Unglück. Da ich nichts für Sharifs Frühstück vorgekocht habe, will er sich kurz vor Sonnenaufgang eine Büchse Ananas aus unserem Vorrats- schrank heraussuchen. Doch in der Dunkelheit fällt ihm die Kilo-Dose auf den rechten großen Zeh, er schreit laut auf, weckt mich, und nun können wir beide zuschauen, wie sein Zeh mit jeder Minute größer, dicker und dunkelblau wird. Er kann nicht mehr auftreten. Unser zweitägiger Abstecher nach Rumänien, wohin wir aus Sorge um unseren Bus mit dem Zug reisen woll- ten, muss aufgrund des Ananasdosenunglücks ausfallen.

Zum Glück haben wir das Fahrrad dabei, so kann er nach meiner provisorischen Verarztung wenigstens noch in die Mo- schee radeln und das Gespräch mit dem Imam vorbereiten. Als ich eine halbe Stunde später in der Moschee eintreffe, kor- rekt gekleidet und mit Kopftuch, sitzt Sharif mit dem bulgari- schen Imam und einem palästinensischen Übersetzer bereit. Der Imam, Bulgare bosnischer Herkunft, wie Sharif vermutet, spricht nämlich nur Bulgarisch und beherrscht, außer der Qur'an-Rezitation, die arabische Hochsprache nicht. Den Übersetzerjob vom Bulgarischen ins Arabische übernimmt ein palästinensischer Flüchtling, der Schlimmes erlebt haben muss. Er ist mager, wirkt kraftlos, vorzeitig gealtert und be- ginnt erbärmlich zu zittern, sobald Stimmen oder Geräusche lauter als Zimmerlautstärke werden. Sharif kennt diese Symp- tome von Folteropfern, von denen es in der palästinensischen Flüchtlingsgemeinde in Deutschland nicht wenige gibt.

Der Imam berichtet, dass Muslime aller Nationalitäten in die Moschee kämen, unter ihnen auch Bulgarien-Türken, Irakis, Flüchtlinge aus der Zeit des Ersten Irakkrieges, Algerier, Palästinenser, dass aber die meisten türkischstämmigen bulgarischen Muslime auf dem Land lebten und von einigen Traditionen abgesehen nicht mehr sehr viel mit dem Islam zu tun hätten. Ob sich die Situation für Muslime nach dem 11. September 2001 verändert habe, ob Polizei oder Geheimdienste sie stärker beobachteten, will ich wissen. Leider ja, berichtet der Imam, die Stimmung ihnen gegenüber sei negativer geworden, doch es seien nicht die offiziellen Stellen gewesen, die Repressalien ausgeübt hätten, es sei die Bevölkerung, die besonders auf islamisch gekleidete Frauen reagiere und alle anfeinde, die sich durch ihre Kleidung als Araberinnen zu erkennen gäben. Es seien aber Einzelfälle gewesen.

Die Türkinnen in diesem Land, das sollten wir auf der nächsten Station in Plovdiv, der zweitgrößten Stadt des Landes, noch sehen, tragen traditionell bunt bedruckte Kleidung, weite, geraffte Röcke und lockere, unter dem Hals geknotete Kopftücher, aus denen auch mal die Haare herausschauen dürfen – ähnlich russischen Bäuerinnen. Araberinnern kombinieren hingegen eher Kopftuch und ein mit zartem Spitzenbesatz aufgehübschtes Unterkopftuch. Dazu tragen sie lange, weit geschnittene Kleider und Mäntel mit Schulterpolstern, damit es unmöglich wird, die Körperkonturen zu erkennen. Gläubigen Frauen wird im Islam, den die Araber strenger als die Türken auslegen, auch nahegelegt, keine bunten Farben zu tragen, sondern schlichte, die keine unnötige Aufmerksamkeit erregen: Dunkelblau oder Braun, Grau, Beige und Schwarz.

Obwohl 86 Prozent der Bulgaren sich dem christlich-orthodoxen Glauben zurechnen, erklärt uns der Imam, dass Religion, bedingt durch die jahrzehntelange kommunistische Herrschaft, in der Bevölkerung noch immer nicht sehr präsent sei, dass aber die Kirche über die letzten 15 Jahre kontinuierlich an Einfluss gewonnen habe, was er als Mann des einen Gottes natürlich begrüße. Leider allerdings seien die Menschen hier sehr von den seiner Empfindung nach antiislamisch eingestellten Medien beeinflusst, besonders schlimm sei es nach der Veröffentlichung der Prophetenkarikaturen gewesen, als die Medien den Muslimen jede Fähigkeit zu differenzieren abgesprochen hätten. Plötzlich seien Stimmen der Moschee-Anwohner und einiger Geschäftsleute laut geworden, die sich vom – im Vergleich zum Straßenverkehr und auch im Vergleich zu allen mir bekannten Moscheen in der islamischen Welt – leisen Gebetsruf gestört fühlten. Alte kommunistische Aktivisten hätten sich der Initiative angeschlossen und sogar versucht, den Ruf durch einen Störsender zu sabotieren. Doch diese Bürgerinitiative habe, ebenso wie die Initiative für ein Kopftuchverbot, keinen Erfolg gehabt, da sich einfach nicht genügend Menschen für den neuerlichen Kampf gegen den Islam zusammengefunden hätten. Nach einem Monat sei die Kampagne eingeschlafen.

Im Gegenzug gebe es aber auch Bestrebungen, islamische TV-Sendungen zu produzieren, besonders um den auf dem Land lebenden Türken den Islam wieder näherzubringen. Die Partei der Bulgarien-Türken, die sich als islamisch bezeichne und bei den Parlamentswahlen regelmäßig bis zu 13 Prozent der Wählerstimmen erhalte, sei zwar politisch für die Rechte der Bulgarien-Türken aktiv, aber nicht sonderlich religiös geprägt. Für die Zukunft, betont der Imam, sehe er keine Probleme, weder mit der EU noch mit den türkischen Nachbarn. Er hoffe nur endlich auf ein freies Palästina und ein Ende des Krieges im Irak, denn die Flüchtlinge seiner Gemeinde würden, obwohl es ihnen in Sofia gut gehe, lieber heute als morgen zurück in ihre Heimat.

Nach dem Interview betet Sharif noch und begeht das Iftar mit seinen Brüdern in der Gemeinde, während ich draußen auf einer Bank sitze und das Treiben auf dem Hauptstadt-boulevard beobachte. Außerdem nutze ich die Zeit, mir meine Haare zu waschen – im großzügigen Waschraum bei „Magdonalds", wo ich den vorhandenen Handtrockner als Föhn benutze. Am nächsten Morgen, die Supermarkt-Park-platzwächter grüßen uns mittlerweile schon, brechen wir nach Plovdiv auf.

Nach rund 157 Kilometern erreichen wir den wichtigsten Verkehrsknotenpunkt Bulgariens. Die Innenstadt wird nach historischen Plänen restauriert, in ihrem Zentrum steht natür-lich eine kleine, sehr hübsche Moschee, in der aufgrund von Bauarbeiten allerdings keine Gottesdienste stattfinden. Sharif betet trotzdem in ihr. Als wir später durch das Städtchen spa-zieren, entdecken wir ein weiteres islamisches Gotteshaus, das unter türkischen Frauen beliebt zu sein scheint. Zu Dut-zenden sitzen sie um den Brunnen am Vorplatz der Moschee, plaudern miteinander und warten auf das Ende des Ramadan-Tages. Sie seien Türkinnen, erklären sie, Bulgarien war einst osmanisch, nun ist es das nicht mehr, aber sie sind hiergeblie-ben. So einfach sei das Ganze. Ein junges Mädchen, das Eng-lisch spricht, übersetzt für mich. Natürlich leben sie den Islam und seine Regeln und Bräuche, und es sei gut, dass die Bulga-rien-Türken jetzt auch ihre eigenen Vertreter im Parlament hätten. Ob sie sich auf Europa freuten, will ich wissen. Ach, winken die älteren Damen ab, durch Europa würde es ihnen nicht besser gehen, die kargen Renten ihrer Männer würden dadurch nicht höher, aber vielleicht könnten ihre Enkelkinder einmal in Wien studieren. Das fänden zumindest einige der am Moscheebrunnen zu Plovdiv befragten bulgarischen Tür-kinnen nicht schlecht. Die Jüngste von ihnen sieht es anders, die EU sei eine tolle Chance, doch müsse die Korruption stär-ker bekämpft werden, da Bulgarien sonst auf Ewigkeiten kein vollwertiges Mitglied der EU werden könne. Ihre Eltern hätten bestimmt nichts gegen eine Karriere im Westen einzuwenden. Der Muezzin ruft zum Gebet. Sie holt ihr buntes Kopftuch aus ihrer Studententasche, setzt es auf und betritt mit den anderen Frauen die Moschee.

Ich radele zurück zum Bus. Rico hat einen Vespa-Unfall mit tödlichem Ausgang gefilmt und ist von dem Gedanken besessen, dass ihm dieses Filmdokument 500 Euro beim Verkauf an einen deutschen Privatsender einbringen könnte. Sharif redet ihm diese geschmacklose Idee zum Glück aus, während ich aus dem Sofioter „Halal"-Fleisch ein paar schmackhafte Lammsteaks brate. Sharif schaltet derweil das Radio an, und wir lauschen den ungewohnten Klängen der lokalen Popmusik. Daran, dass die „Halal"-Qualität des Fleisches zweifelhaft sein könnte, wie auch daran, dass Musik im Ramadan eigentlich verboten ist, möchte ich ihn nicht erinnern. Erst in Syrien, so habe ich mir fest vorgenommen, werde ich Sharif nach seiner Auslegung des Musik-Verbotes im Ramadan befragen. Nach einem relativ schnellen Abendessen brechen wir Richtung Türkei auf.

Rico und ich sind schon ganz neugierig. „Endlich geht's raus aus dem ollen Europa!", ruft Rico, der den europäischen Kontinent noch nie zuvor verlassen hat und jetzt die Tour mit dem fastenden und betenden Sharif erlebt. „Sag mal, in der Türkei, tragen die da alle Kopftuch und glauben an Allah?", fragt er von seiner Passagierbank aus ins Cockpit. „Pass auf, Rico, die Türken sind keine guten Muslime, weil Atatürk ein laizistisches Land aus der Türkei machte. Aber eigentlich glauben sie alle an Allah und sind ganz in Ordnung", beendet Sharif seine kurze, islamisch-arabisch-konservative Darstellung. Ich nehme mir die Zeit, Rico ausführlich das Prinzip des Laizismus, der Trennung von Staat und Religion, zu erklären, jetzt, wo der kulturelle Dialog in unserem Bus gesucht wird, jetzt, da Ostdeutschland sich der islamischen Welt durch Fragen selbstständig nähert. Rico erkennt das türkische Staatssystem als demokratisch („Das ist bei denen dann ja wie bei uns!"), will aber nun wissen, was bei denen „denn dann so anders ist".

„Rico, kennst du Türken?", frage ich ihn. Mittlerweile glaube ich, mich in die Gedankenwelt unseres Leipzigers hineinversetzen zu können. Er ist keineswegs auf den Kopf gefallen, meist sehr interessiert, und ich habe gemerkt, dass er sich die durch eigene Fragen beschafften Informationen zum Allgemein- und Reisewissen besser merken kann als Sharifs autoritäre Vorträge, die meist zu viel Wissen voraussetzen. Türken kenne er keine, nur einen, der eine Dönerbude in seinem Dorf bei Leipzig betreibe, überlegt Rico. Nur gehe er da nicht mehr hin, weil da die Russlandaussiedler immer trinken würden. Andere Ausländer gebe es nicht in seinem Dorf. Berlin-Kreuzberg kennt er als größtenteils türkisch geprägten Stadtteil, in dem alle Frauen „so dicke Muttis mit Kopftüchern" seien.

„Und", wirft er ein, dort gebe es auch noch ein paar „richtige Orient-Prinzessinnen", womit er wohl die jungen Deutsch-Türkinnen der dritten Generation meint. Die Teenagerinnen tragen in Berlin gerne enge lange Hosen, kombinieren sie mit Minikleidchen, dazu einen dicken Lidstrich und eher verführerisch als züchtig geschlungene Kopftücher. „Die ‚Orient-Prinzessinnen', wie du sie nennst, kleiden sich nicht islamisch. Das ist das, was ich mit ‚Euro-Islam' meine. Das hat nichts mit den Lehren Muhammads zu tun. Es gibt für unsere Frauen ganz klare Ansagen, was korrekt ist und was nicht." Ich nehme Sharif den nun zu erwartenden Satz aus dem Munde. Dank der beiden äußerst interessanten Lehrheftchen „Frauen im Schutz des Islam" und „Die Etikette der Muslima", die mir Sharif vor längerem schenkte, kann ich die Lehrstunde islamisch korrekt übernehmen: „Als gute Muslima soll man sich in lange und weite Kleider hüllen, dunkle Farben tragen, sich nicht schminken oder tätowieren. Nichts soll Aufmerksamkeit auf deinen Körper lenken. Wenn die Mädchen lange Hosen tragen, die aber knalleng sitzen, ist das Gegenteil erreicht. Damit du nur als Mensch und nicht als sexuelles Wesen wahrgenommen wirst, sollst du deinen Körper nicht zur Schau tragen, verstehst du?" Rico erwidert interessiert, dass das ja eigentlich vernünftig sei, denn er wisse von seinen gut aussehenden Freundinnen aus Grimma, wie sie unter der ständigen Anmache der Dorfjugendlichen leiden würden. „Aber wieso tragen die Islamas, die Muslimfrauen meine ich, denn Kopftuch, was hat das mit Sex zu tun? Ach so, ja klar, in so weiten Säcken mit Kopftuch sehen alle Frauen nicht so prickelnd aus, stimmt", beantwortet Rico sich seine Frage selbst. Sharif entgegnet, dem sei nicht so, eine schöne Frau werde durch den Hidschab nicht hässlicher. Im Gegenteil, sie würde dadurch nur edler, da sie ihren Anstand und den ihrer Familie sichtbar zu wahren bemüht sei. Und dadurch, dass Frauen nicht wie in der westlichen Welt ständig neue Kleidung nach der letzten Mode bräuchten, entfalle ein großer Druck. Ein Druck, unter dem alle nichtislamischen Frauen zu leiden hätten. Und auch das Familienbudget.

„Schau dir doch die Cindys und Jacquelines bei dir im Osten an! Hast du nicht neulich selbst erzählt, dass viele Teenies bei euch diese appetithemmende Chemo-Droge ‚Crystal' nehmen, damit sie bauchfreie Hemdchen und Mini tragen können? Dann werden sie auch noch ungewollt schwanger und lassen das Kind bei der Großmutter, weil sie völlig überfordert sind. Rico, entschuldige bitte, bei allem Respekt deiner Heimat gegenüber, aber das ist doch alles andere als eine gute Entwicklung!" Rico hat Sharifs Ausführungen zugehört, manchmal sogar genickt.

Doch ich muss protestieren, schließlich kenne ich selbst genügend Frauen, die ursprünglich aus dem Osten kommen, es aber aus eigener Kraft geschafft haben, sich eine selbstständige Existenz aufzubauen. Dass es leider auch eine verlorene Generation gibt, für die ich im Bekanntenkreis auch einige – männliche wie weibliche, östliche wie westliche – Beispiele finden würde, ist mir durchaus bewusst. Nach dem, was ich aus Ricos Erzählungen weiß, hat Sharif trotz seiner Polemik nicht vollkommen Unrecht. Er beschreibt die orientierungslose Rave-Generation, die in gleicher oder ähnlicher Form auch im Westen Deutschlands und allen anderen Industrienationen existiert. Drogenkonsum gibt es in den arabischen Ländern natürlich auch, nur dass kaum einer durch das soziale Netz der Familie fallen kann – und es keine staatliche Unterstützung für das süße Nichtstun gibt. Kein Wohngeld, kein Kleidergeld, keine Übernahme der Kabel-TV-Rechnung und der Bewerbungskosten. Und was einem Mädchen passieren würde, dessen Eltern feststellen, dass es sich das „Recht auf Rausch" genommen hat, will ich mir lieber erst gar nicht ausmalen.

„Ach, apropos Kultur …", wendet Sharif sich an mich: „Wenn wir jetzt gleich in der Türkei unterwegs sind, will ich dich nicht mehr in Caprihosen und deinen schulterfreien Tops sehen, verstanden? Jetzt zeig mal, was du in Sachen Respekt und kulturellem Dialog wirklich gelernt hast. Normalerweise wäre es mir egal, Türkiye ist ein Urlaubsland und die haben selbst auch viele Frauen, die freizügig angezogen sind, aber es ist Ramadan, und ich fände es toll, wenn du die Gefühle der Gläubigen, ihre innige Verbundenheit mit Gott beim Fasten, nicht missachtest." – „Sharif, Momentchen, was haben ‚eure' Männer denn seit Ankunft der Moderne in eurem Eckchen der Welt, bitte schön, gelernt? Verbotene Sexfotos mit Handykameras zu machen, sie so lange im Dorf rumzuschicken, bis der

Vater oder ein anderer Verwandter es mitbekommt und seine Tochter zur ‚Ehrenrettung' töten muss?" Eine palästinensische Kollegin aus Ramallah hatte mir diese grausame Geschichte einst detailliert erzählt, das Mädchen war verliebt und gab sich ihrem vermeintlichen Freund, der bald um ihre Hand anhalten wollte, hin, doch er missbrauchte ihr Vertrauen, die Aktfotos erreichten männliche Verwandte per Rundmail, und das Mädchen wurde von ihrer Familie getötet. Nun werde ich wütend. „Nur weil ihr eure Hormone nicht unter Kontrolle halten könnt, eure eigenen Frauen in Säcken versteckt und versucht, allem Natürlichem, Körperlichem den Stempel ‚Verboten!' aufzudrücken, muss ich euren Kram nicht mitmachen! Die Türkei will in die EU, die haben Clubhotels extra für Russen und singende Transvestiten, was erzählst du mir von Respekt?! Ich bin modern und deutsch und stehe dazu und bin auch Teil eines internationalen urbanen Lebensgefühls, und das gedenke ich, mit neuen Freunden in Istanbul zu feiern."

Sharif schaut kurz erschrocken und ernst. Versöhnlicher fahre ich fort: „Du weißt, dass ich mir mein erstes unförmiges islamisches Kleid mit passendem Kopftuch vor ein paar Jahren in Ägypten sogar selbst gekauft habe, um Ruhe vor euren Wüstensöhnen zu haben, die anscheinend denken, jede westliche Frau will nichts anderes als eine Affäre mit dem nächsten Fellachen anfangen. Ich werde differenzieren – je nachdem, wo wir Station machen. Mit Verlaub, wenn die anderen Bikini tragen, gehe ich nicht oben ohne, aber auch nicht verschleiert oder sonstwie ‚korrekt' gekleidet. Klar, wenn alle um mich herum Kopftuch tragen, werde auch ich locker-flockig in sanft umspielendem Leinen auftreten, keine Sorge, ich mach dir schon keine Schande!"

Diese Art von Diskussionen führen wir seit Anbeginn unserer Freundschaft, mittlerweile habe ich zwar lediglich einen

Teil seiner Positionen zu den wichtigen Themen des Lebens übernommen, aber sie doch als seine Einsichten verinnerlicht. Ab der Türkei, so habe ich mir vorgenommen, will ich versuchen, zusammen mit Sharif und der restlichen islamischen Welt von Sonnenauf- bis Sonnenuntergang zumindest nichts zu essen. Dass der Ramadan Blues, der mir das System Islam brutal erscheinen lassen sollte, mich noch vor Istanbul ereilen würde, ahne ich zu diesem Zeitpunkt noch nicht.

Wir fahren guter Dinge mit dem ungewaschenen Geschirr vom Iftar in Plovdiv in Richtung der türkischen Grenze. Morgen wollen wir ans Meer, einen Tag Urlaub machen. Die einzige Frage, die uns jetzt, auf den letzten Kilometern des bulgarischen Autoputs beschäftigt, ist: Fahren wir zum Schwimmen an die türkische Ägäis, ans Marmarameer oder an den Bosporus? Das flache, ländlich unspektakuläre Panorama entlang des Autoweges lässt uns einige Stunden lang bei unserer Maximalgeschwindigkeit von 80 Stundenkilometern sausen.

Die Ausreise aus Bulgarien verläuft unkompliziert. Die Grenzbeamten fragen uns, ob uns etwas Schlechtes in ihrem Land widerfahren sei. Sie freuen sich, als wir verneinen. Ob sie sich ernsthaft um ihren Ruf bei Gästen aus dem Westen sorgen?

Kapitel 5

Von Bulgarien in die Türkei

Die Grenzanlage der Türkei zwischen dem bulgarischen Svilengrad und dem türkischen Städtchen Edirne ist massiv, monumental und beeindruckend. Im nächtlichen Flutlicht auch angsteinflößend. Doch zunächst werden wir wieder einmal in die Desinfektionswanne gegen Vogelgrippe und Klauenseuche gebeten. Der Preis, wie auch in Bulgarien: fünf Euro, sofort in bulgarischem Lev, türkischer Lira, in Euro oder „D-Mark" zu zahlen, wie der uniformierte Desinfektionswannen-Beauftragte uns lachend mitteilt. Davon, dass an dieser Grenze so viel normalerweise nicht gelacht werden kann, zeugen hunderte von im weitläufigen Grenzgebiet parkenden Autos, Bussen und privaten Kleinfahrzeugen sämtlicher Couleur und Herkunft. Unsere erste Nacht in der islamischen Welt begrüßt uns in gleißend weißem, kaltem Strahlerschein.

Zum ersten Mal merke ich hier, an unserem sechsten Grenzübertritt, wie in unserem Fahrer Unruhe wächst. Der Bus ist aus Versicherungsgründen auf einen anderen Namen, den eines Bruders, angemeldet. Sharif ist im Besitz aller Papiere, er hat den Bus gekauft, aber den Kaufvertrag nur auf Deutsch und Arabisch, nicht jedoch in beglaubigter Übersetzung dabei. Das Motorrad ist weder angemeldet noch versichert, und er kann auch nicht beweisen, dass es ihm gehört und er es nur kostengünstig in Jordanien überholen lassen will. Sharif rechnet damit, wegen Diebstahl- oder Schmuggelverdachts in Schwierigkeiten zu kommen. Wir stellen uns in die erste Schlange, stehen falsch bei der Abteilung „Klein-busse" und werden von eifrigen Beamten, die uns neben ih-rem Alltagsgeschäft routiniert als etwas Exotisches erkannt haben, in die leere Kontrollstraße, Abteilung Reisebusse, diri-giert. Unsere Pässe werden verlangt. Nach einem kurzen Blick bedeutet uns der strenge Grenzer, nach einigen Metern rechts ranzufahren. Wir folgen dem Kommando. „Au, au, das wird schwierig – ihr bleibt hier, das kann dauern", ruft Sharif beim eleganten Sprung von seinem stilecht mit weißem Schaffell bezogenen Fahrerthron. Er hat hoffentlich alle erforderlichen Papiere zur Hand. Während ich in Serbien mit den Studenten unterwegs war, hatte Sharif ein Fax des Bruders organisiert, auf dessen Name unser Auto versichert ist. Er hatte sich im In-ternet über die Einreisebedingungen in die Türkei informiert. Zum ersten Mal scheint er sie ernst zu nehmen, denke ich, als ich ihn jetzt zum Grenzhäuschen flitzen sehe. Es ist umringt, fast belagert von dunkelhaarigen Männern in Lederjacken, die alle aufgeregt mit irgendwelchen Papieren in der Hand we-deln.

Rico und ich beobachten das Spektakel aus unserem Dumbo heraus. In seinem Schwarz-Weiß-Kleinstfernseher aus ostdeutscher Produktion laufen türkische Popvideos, in denen Mädchen in Bikinis zu Männern in Jeans mit Brust-behaarung aufschauen. Das Video ist an einem der zahlrei-chen traumhaften türkischen Strände gedreht. Rico freut sich auf den morgigen Badetag, das erste Mittelmeerschwimmer-chen seines Lebens. „Wow, super, da fahren wir morgen hin!", jubelt er voller Vorfreude. Dann vertreiben wir uns die Wartezeit mit weiteren Überlegungen zur Rolle der Frau im Islam.

Um seiner Euphorie für das Bekleidungsgebot oder -diktat für gute islamische Frauen Einhalt zu gebieten, bitte ich ihn, sich zu überlegen, was die Vollverschleierung für Frauen in islamischen Ländern eigentlich bedeutet. In den Ländern des Islam ist es fast durchweg wärmer als in Mitteleuropa, sie liegen am Atlantik, am Mittelmeer, am Roten Meer, am Persischen Golf, im Indischen Ozean, im Pazifik. Ob er sich vorstellen könne, als armes Mädchen in Arabien aufzuwachsen? Dass die Brüder schwimmen gehen und Kamele reiten dürfen, während man selbst daheim der Mutter beim Abwaschen helfen muss? Mit Wasser, das das Mädchen ab dem sechsten Lebensjahr eigenhändig mit dem Eimer von der Quelle holen muss? Ab dem zwölften Lebensjahr natürlich mit Kopftuch? Wie es sich anfühlt, als deutsche Muslima ab Teenageralter nicht mehr am Sport- und Schwimmunterricht in der Schule teilnehmen zu dürfen? Nicht Fahrrad fahren zu dürfen „wegen der Gefährdung der Jungfräulichkeit"? Rico wirft ein, dass die Mädchen es doch auch so wollten, sonst könnten sie sich ja gegen das System zur Wehr setzen. „Klar probieren das immer wieder welche, und manche schaffen es auch, sich durchzusetzen, oder sie haben moderne Eltern. Doch der Großteil – glaubst du, dass der eine Chance hat, sich gegen die Tradition der Familie zu stellen? Mit mangelnder Schulbildung und keiner Perspektive außer der Hoffnung, einen guten Ehemann zu finden? Sie haben keine Wahl. Die meisten Mädchen, die keine Möglichkeit haben, dauerhaft ins Ausland zu gehen und einen Westler zu heiraten, verhalten sich so, wie ihre Familien es wünschen. Weil sie von klein auf gesagt bekommen, wie sich eine islamische Frau im Gegensatz zu den liberalen Westlern zu verhalten habe. Und wenn du dich wirklich zu wehren versuchst oder wegläufst, wollen dein Vater, dein Bruder, dein Ehemann dich manchmal sogar töten. Pass auf, Rico, jetzt mal im Ernst: Ich werde in Istanbul mit Frauenorganisationen sprechen. Du wirst staunen, was für Geschichten über türkische Brutalität ich noch erzählen werde."

Vor kurzem erst hatte ich in Berlin eine Reportage über das Verhältnis junger Berliner Muslimas zu ihrem Kopftuch geschrieben. Die arabischstämmigen waren ausnahmslos schon als kleine Mädchen auf das Tuch vorbereitet worden, manche bekamen es bereits als Drei- oder Vierjährige, „damit es später, wenn wir es wegen unserer Kultur tragen müssen, leichtfällt", klärte mich eine in Deutschland Geborene irakischer Abstammung auf. Die türkischstämmigen Teenager scheinen es für ihre Generation neu zu entdecken, als stolzen Ausdruck der Rückbesinnung auf die islamischen Werte, die in der Diaspora weltweit zu beobachten ist. Ich traf Mütter mit modernem Kurzhaarschnitt in T-Shirts, die nicht verstehen können, dass sich ihre Töchter freiwillig verschleiern. Sie versuchen ihren Mädchen zu erklären, dass auch fünfmaliges Beten pro Tag, der Verzicht auf Schminke und auf Kontakt zu Jungs zu all dem gehört, was der Hidschab symbolisiert, doch davon wollen die stylingbewussten Berliner Orient-Prinzessinnen nichts hören. Die Töchter meinen, „das Beten und all das kommt noch", die Mütter tun den Stil-Mix ihrer Töchter als normale Pubertätserscheinung ab. Die Mädchen, so sagte mir eine Mutter, wollten sich finden und probierten es derzeit eben mit ihrer muslimischen Identität.

Rico schaut nun etwas verwirrt und ist bestrebt, aus seinem Fenster Frauen zu erspähen. Einige verhüllte Frauen picknicken am Straßenrand, andere, auch sehr modern und elegant gekleidete, laufen über das weitläufige Grenzgelände. „Also ist es in der Türkei doch fast wie bei uns – jeder kann machen, was er will, vorausgesetzt, die Familie hat nichts dagegen", meint Rico. „Ja, so ungefähr", murmele ich leise vor mich hin, „aber eine Tochter kann auch von ihrer Familie verstoßen werden, zur Heirat oder zum Selbstmord gezwungen werden; die Türkei braucht noch ein paar Reformen in den Köpfen der Menschen ... Wir werden bestimmt noch ein paar

Mädchen treffen, und weil viele in der Türkei Deutsch sprechen, kann dir die eine oder andere bestimmt selbst deine Fragen beantworten."

Sharifs Kontrollhäuschenprozedur dauert mir mit einer Dreiviertelstunde zu lange. Ich beschließe, zur umlagerten Station zu laufen. Schauen, ob ich helfen kann. Vielleicht gelingt es mir, Sharifs Existenz, die durch die schlechte Visitenkarte „alter Bus" in den Augen der Grenzer vielleicht als zweifelhaft angesehen wurde, aufzuwerten? Oft hilft ja das Lächeln einer blonden Frau. „Hau ab, was willst du hier?", zischt Sharif mich böse an, als er mich hinter sich bemerkt, „das hier ist Männersache, bring du nicht alles durcheinander! Du erregst viel zu viel Aufsehen, am Ende wollen die noch die Karre durchsuchen! Ich hab dir doch gesagt, dass du im Bus bleiben sollst, jetzt tu doch ein Mal, was ich dir sage, du sollst nicht selber denken!" Auf dem Absatz mache ich kehrt, stapfe in den Bus zurück und ärgere mich maßlos über Sharifs aggressiven und anmaßenden Ton. Wäre ich mit diesem Ton aufgewachsen, hätte ich jemals die Kraft und den Willen gefunden, mich zu emanzipieren? Womöglich nicht nur gegen den Vater, sondern auch gegen die Brüder und Onkel zu protestieren? Um Ricos ersten Kontakt mit dem islamischen Geschlechterverhältnis nicht noch komplizierter zu machen, als er ohnehin schon ist, beschließe ich, mich nur im Stillen zu ärgern und die Namen unserer möglichen morgigen Badeorte mit ihm durchzugehen. Wir entscheiden uns für die schon bei Herodot erwähnte Küstenstadt Tekirdağ mit etwas über 100 000 Einwohnern, direkt am Marmarameer gelegen.

Dann endlich kommt Sharif zurück in den Bus. Er hat zwei Beamte an seiner Seite, die Bus, Motorrad und Fahrrad genau inspizieren wollen. Das Motorrad muss in meinen Pass eingetragen werden, als Versicherung, dass wir es in der Türkei nicht am Zoll vorbei verkaufen wollen. Das handgeschriebene Fax von Sharifs Bruder mit der Vollmacht über den Bus wird dann auch endlich akzeptiert. Die gesamte Prozedur dauert rund drei Stunden. Als wir weiterfahren dürfen, hat Sharif schon wieder vergessen, wie er mich zuvor angeschnauzt hat. „Ist doch gar nicht so schlecht, dich dabei zu haben", wendet er sich an mich. „Du hast dem Grenzer bestimmt auf Anhieb gefallen, und auch ich bin in seiner Achtung gestiegen, als er dich gesehen hat. So eine Frau wie du veredelt einen Typen wie mich", scherzt er fröhlich, ohne ein Wort der Entschuldigung.

Da ich keine Lust auf Diskussionen habe, die Nervosität des Grenzübertritts von uns abgefallen ist und uns morgen ein Urlaubstag bevorsteht, beschließe ich, den Vorfall bis auf weiteres zu vergessen. Wir fahren im Dunkeln durch die erste türkische Stadt, Edirne. Wir sind in der historischen Grenzstadt, die das Osmanische Reich von seinen westlichen Provinzen, den Millet, trennte. Rico ist ganz aufgeregt und freut sich über die vielen Moscheen, die nachts mit grünen Lichtern oder, besonders jetzt im Ramadan, mit bunten Lichterketten im Las-Vegas-Stil dekoriert sind. Nach hundert Kilometern schlagen wir unser Nachtlager auf dem Parkplatz einer riesigen, blitzsauberen Raststelle auf. Jetzt, da wir in einem islamischen Land angekommen sind, ist es an Rico, sein Zelt aufzubauen, damit ich mir den Schlafplatz nicht mit Sharif teilen muss.

Am nächsten Morgen, wir sind noch dabei, die unendliche Weite der wüstenartigen Landschaft in der Morgenhitze zu begreifen, bringt uns ein Angestellter ungefragt Tee an den Bus. Rico und ich sitzen unter einer riesigen türkischen Flagge an der Raststätte in der menschenleeren Ödnis und schlürfen unseren ersten türkischen Tee mit einem Einheimischen. Der junge Mann spricht Englisch und auch etwas Deutsch und will alles über unsere „crazy" Tour mit dem Bus wissen. Rico probiert sein sächsisch gefärbtes Englisch im Small Talk. Natürlich dürften wir die Waschräume benutzen, doch warum Sharif den Tee ablehnt, sich so ausführlich wäscht, sogar fastet und betet, versteht der junge Türke nicht. Es sei doch genau das Gute am Reisen im Ramadan, dass man nicht fasten und nur dreimal täglich beten müsse! Warum sich unser Fahrer dieser Strapaze freiwillig unterzieht, kann der Tankstellenangestellte nicht verstehen. Ich entgegne, dass man doch die Gebete und die Fastentage als guter Muslim nachholen müsse – woraufhin der Mittdreißiger mich treuherzig anschaut, einen Schluck Tee nimmt und die Hand auf sein Herz legt. „Allah ist sowieso in dir – es ist nicht so wichtig, zu fasten und immer zu beten, du musst nur an ihn glauben! Oder denkst du, ihr Christen, die ihr an den gleichen Gott glaubt, kommt in die Hölle, weil ihr im Ramadan nicht fastet?", fragt er mich belustigt. „Ich weiß noch nicht, was ich glaube", antworte ich wahrheitsgemäß, woraufhin der Türke wieder nickt. „Du musst Gott suchen und ihn in dir finden, nicht in den alten Büchern. Dann wirst du ein guter Mensch, egal ob Muslim, Christ oder Jude."

Voller Vorfreude auf den Tag am Meer starten wir in Richtung Süden. Leider erwischen wir nicht die besten Straßen, so dass sich die Fahrt, die auf der Karte nach zwei Stunden aussah, auf vier ausdehnt. Die Landschaft ist mediterran, hügelig und die Vegetation bis auf die Nadelhölzer nun, Anfang Oktober, schon recht ausgedörrt. Im Gegensatz zum satten, dichten Grün des Balkans erleben wir jetzt ein ockergelbes Panorama, durchbrochen von spärlichem Gestrüpp, weißgetünchten Häuschen und Minaretten unter strahlend blauem Mittelmeerhimmel. Verständlich, dass auch die Türken an das Heilige Buch glauben, in dem das Paradies als ein Land voller Flüsse und üppiger Vegetation beschrieben wird.

Wir erreichen Tekirdağ am frühen Nachmittag und fahren sofort an den Strand. Auch wenn das Städtchen im Sommer Badetouristen beherbergt, ist nun, außerhalb der Saison, trotz 30 Grad und Sonnenschein nichts mehr davon zu merken. Rico, der auf der Ausschau nach Mädchen stets den Kopf aus dem Fenster streckt, klassifiziert die Frauen ihrer Kleidung nach. Auf der Fahrt durch Tekirdağ bemerkt er ausnahmslos altmodisch gekleidete Frauen mit Kopftuch. Leider ist es auch an der schönen, sauberen Strandpromenade nicht anders, so dass in mir weder Urlaubs- noch Strandgefühl aufkommen kann. Hier flanieren Familien, Männer in Gruppen und Frauen mit ihren Kindern direkt am Meeresrand. Meine beiden Reisebegleiter entledigen sich ihrer Kleidung. Als Sharif sich auszieht, frage ich mit Blick auf seinen kräftigen behaarten Oberkörper, ob er sich sicher sei, die religiösen Gefühle der vorbeispazierenden Mädchen nicht zu verletzen. Rico ist derweil schon ins Wasser gesprungen und tollt herum. Sharif blickt an sich herab, gibt mir Recht, zieht sich wieder an. Ich überlege, was ich tun soll, verlasse den Bus nur zögerlich, gehe ans Wasser. Ich trage ein T-Shirt zur weiten Leinenhose. Da Rico im Wasser und Sharif außer Sichtweite ist, errege ich die Aufmerksamkeit aller Männer um mich herum. Sie starren mich unverhohlen an, scheinen über mich zu sprechen und zu lachen. Ob sie sich freuen oder mich verfluchen, weil ich ihre Gedanken mit meiner Anwesenheit von Gott ablenke, überlege ich kurz, dann überwiegt aber ein diffuses Gefühl des Unwohlseins in mir. Ich gehe in den Bus, und anstatt mich für das Meer auszuziehen, ziehe ich mir ein weites langes Hemd über meine lange Hose. Um mich an den Strand zu setzen, ohne die religiösen Gefühle der trotzdem starrenden Männer zu verletzen.

Sharif kommt aus dem Bus und schaut mich verwirrt an, da er weiß, dass ich normalerweise die Erste im Wasser bin.

„Was soll ich hier schwimmen, ich bin verboten, mein Körper vom Teufel, ich hab keine Lust, den Hass des ganzen Ortes auf mich zu ziehen. Ich geh hier nicht schwimmen!", nehme ich seine Frage vorweg. Sharif erwidert trocken, dass das eine gute Entscheidung sei. Er will in die Moschee zum Beten. Rico planscht noch im Wasser herum und ruft mir zu, wie herrlich es sei, was ich denn noch an Land machen würde!

Innerlich koche ich. Doch wir sind gerade erst am Anfang der Reise im neuen Kulturkreis, ein wenig werde ich mich noch anpassen können ... Mich in meine selbst erwählte Rolle fügend, nehme ich mir unseren letzten Abwasch aus Bulgarien vor, da ich in wenigen Stunden ja schon wieder kochen muss. Zwar habe ich tagsüber Wasser und Tee getrunken, aber nichts gegessen, was noch längst kein ernstzunehmender Ramadan-Versuch, aber doch eine Annäherung an den Fastenmonat ist. Sharif schnappt sich mein Fahrrad und verabschiedet sich.

Ich sitze immer noch in voller Montur in der Spätsommerhitze am Meer und wasche ab, schon jetzt wütend auf die Unfreiheit, die ich mir selbst zu verdanken habe. Männer schlendern vorbei, rufen mir Sätze zu, die ich nicht verstehe, fragen mich auf Englisch nach der Uhrzeit – sind es meine Haare, meine einfache Pony-Pferdeschwanz-Frisur, die trotz meiner schlabberigen Kleidung noch provozierend wirkt? Soll ich mir auch noch ein Kopftuch aufsetzen?

Als ich so am Schrubben und Grübeln bin, kommt Rico aus dem Wasser, setzt sich strahlend neben mich und schmatzt ein wenig. „Mensch, jetzt hätte ich gern ein Bier, aber das ist hier bestimmt verboten, oder?" Die Region Tekirdağ ist für ihre Raki- und Weinproduktion bekannt, doch gab es auch schon einen Bürgermeister der AKP, der Partei von Staatschef Erdogan, der Gerechtigkeits- und Entwicklungspartei, der in Festzelten der Stadt den Alkoholausschank verbot. Auch behauptete er, die Dämpfe der Schnapsfabrik der Stadt würden die Kinder vergiften. Trotzdem wird in Tekirdağ weiter gebraut, gebrannt und getrunken. Rico springt auf, zieht sich an und will einen Laden suchen, der Bier verkauft. Ich wünsche ihm viel Erfolg und schaue aufs Meer.

Als immer mehr Männer vorbeikommen und wirklich jeder mir irgendetwas mitteilen oder etwas von mir wissen will, gehe ich in den Bus, nehme mir mein großes Tuch und bastele es mir halbwegs vorschriftsgemäß auf den Kopf. Endlich kann ich ungestört am Ufer des Marmarameeres sitzen und meinen Gedanken bzw. Empfindungen nachhängen. Rico kommt zurück, er hat vier Halbliterdosen des türkischen Starkbiers „Efes Xtra" diskret in zwei blickdichten, fest verknoteten Plastiktüten erworben. „Wie siehst du denn aus?!", begrüßt er mich, die er seit zwei Wochen nur in Caprihose, Rock und Top gesehen hat. „Machste hier einen auf Türkin? Musste nicht! Die Frau, die mir Bier verkauft hat, hatte auch kein Kopftuch auf und nur ein T-Shirt an. Aber sie meinte, wir sollten das Bier nicht öffentlich trinken."

Der Tag geht zur Neige, und ich habe überhaupt keine Lust, für Sharif zu kochen. Aber gleich Bier zu trinken, an meinem ersten Probe-Ramadantag im islamischen Land? Als die Sonne nach zehn Minuten im Meer versinkt und Sharif es weder für nötig hält, einen Sonnenuntergang mit mir am Strand zu verbringen noch mir eine Nachricht zu schicken, dass er zum Essen bei seinen Brüdern in der Moschee bleibt, nehme ich mein Kopfgebinde ab, stattdessen ein Bier und proste Rico zu.

Sharif kommt eine Stunde später, satt, spirituell befriedigt und voller Energie. Er hat sich köstliches Lahmacun, türkische Pizza mit Rinderhack, gekauft, scheint also gar nicht darüber nachgedacht zu haben, ob ich vielleicht schon gekocht haben könnte. „Na, wie war dein erster Tag im Ramadan?", fragt er mich freundlich, doch ich kann nicht einfach so tun, als ob nichts wäre. Er soll merken, dass er etwas falsch gemacht hat, dass ich unglücklich bin, er soll sich entschuldigen.

Mir fällt nicht auf Anhieb ein, wofür. Aber ich will eine Entschuldigung, für meine Lebensumstände hier in seinem Kulturkreis und dafür, dass er sich mir gegenüber einen Ton erlaubte, den er sich von der Roma-Familie am bulgarischen Grenzübergang abgeschaut zu haben scheint. Ich entsorge die Bierbüchsen, will nicht, dass er merkt, dass ich getrunken habe. Und somit das seit Bulgarien – von Rico für Rico – gelockerte Alkoholverbot im Bannkreis unseres Busses gebrochen habe. Fühle mich denkbar schlecht in dieser merkwürdigen Situation, die ich mir selbst zuzuschreiben habe. Als europäische Frau, die hier etwas zu spüren – oder ist es eher spielen? – versucht, was nicht das Ihre ist.

Mir fehlt der Glaube, die Überzeugung, dass Abstinenz notwendig ist, um gottgefällig leben zu können. Die Überzeugung, dass das Fasten für mich und Gott und unser Verhältnis oder gar für meinen Eintritt ins Paradies wichtig ist. Weil es im Qur'an geschrieben steht. Die Überzeugung, dass es Gott und das Paradies, diesen Ort voller Flüsse, grüner Landschaften und Jungfrauen, geben soll. Überhaupt: Der Prophet hat seinen Anhängern den Genuss von Alkohol auch erst zum Ende seiner Predigerzeit verboten. Es gibt sogar die Anweisung im Qur'an, dass man nicht trunken oder berauscht beten soll, sondern warten muss, bis man wieder bei klarem Verstand ist. Das impliziert doch, dass Muhammad um das Trinken wusste und mitnichten gleich jeden, der sich mal dem Alkohol zuwandte, als Kafir, als Ungläubigen, bezeichnete!

Das Christentum ist älter als all diese islamischen Ideen und Regeln. Und schließlich sind die Weinkelter- und Bierbraukünste noch betagter; sie waren im alten Mesopotamien und in Ägypten schon lange vor der Entstehung der letzten Weltreligion, dem Islam, im 7. Jahrhundert nach Christus verbreitet. Alkohol ist in unserem Kulturkreis mit dem Klosterleben, aus dem die großen Errungenschaften der westlichen Zivilisation hervorgingen, eng verquickt. Nein, heute zeige ich mich uneinsichtig und möchte mich meinen sonst so präsenten, diffusen Harmoniebestrebungen nicht hingeben. Ich möchte bis zu seiner Entschuldigung zickig und beleidigt bleiben. Sharif soll nicht glauben, dass er sich, sobald wir seinen Kulturkreis betreten, als Pascha aufführen kann.

Nur langsam und schwer gelingt es mir, die neue Facette des interkulturellen Austauschs unter anderen Vorzeichen zu sehen. War es anfangs „nur" ein vielleicht mutiges Experiment, auf das ich mich eingelassen hatte, so rufe ich mir nun immer wieder ins Gedächtnis, dass ich nicht zuletzt als Reporterin auf einer beruflichen Recherchereise bin. Der Perspektivenwechsel fällt mir alles andere als leicht, doch ich spüre, dass ich mich distanzieren, mich vor weiteren Enttäuschungen schützen muss. Immer wieder bestärke ich mich darin, dass es sich bei unserer Reise um eine investigative Reportage, einen Undercover-Einsatz handelt. So wie ich einst einen Monat lang mit den in Deutschland trainierenden US-Soldaten auf einer bayerischen NATO-Basis Krieg in Afghanistan spielte, so wie ich mich zur Fußballweltmeisterschaft als VIP-Kellnerin im Berliner Olympiastadion einschlich und von den schlimmen Arbeitsbedingungen der Angestellten berichtete. Bei diesen Einsätzen musste ich mich ebenso anpassen, einfach nur nach fremden, mir meist nicht einleuchtenden Regeln funktionieren. Doch mich Sharif gegenüber, der doch mein Freund ist, derart zu verstellen – ob das lange gutgehen würde? Tatsächlich fällt es mir schwer, auf Abstand zu gehen, eine rein professionelle Rolle einzunehmen, so sehr ich es mir wünsche. Im Grunde erwarte ich von Sharif, dass er merkt, dass etwas nicht mit mir stimmt. Dass er sich sorgt.

Offensichtlich hat er aber keine Lust, meinem Missmut auf den Grund zu gehen. So gut kenne ich ihn – in dieser Hinsicht bin ich klischeehaft weiblich und er klischeehaft männlich: Ich will, dass er mein Unglück spürt, er aber hat darauf keine Lust, er ignoriert es einfach – auch, weil er weiß, dass ich meinen Ärger meist vergesse, wenn er mir keine Aufmerksamkeit schenkt, oder aber den Ärger durch eine seiner Charme-Offensiven normalerweise schnell zu vergessen bereit bin, zum Beispiel durch seinen lebhaft vorgetragenen Moschee-Bericht des Tages. Er erzählt lebendig und belustigt, dass die Türken es schaffen, 21 Rak'a, also Niederwerfungen, in zehn Minuten zu vollziehen, wofür in seiner Heimatgemeinde in Deutschland eine ganze Stunde benötigt würde. In Saudi-Arabien wiederum könne das Tarawih-Gebet, das während des Ramadan täglich ans Nachtgebet angeschlossen wird, auch gerne mal drei Stunden dauern. „Die Türken haben echt getanzt, du hattest eher das Gefühl, beim Aerobic zu sein als in einem hingebungsvollen Gespräch mit deinem Schöpfer."

Soll er doch seine Sache machen, denke ich, als wir gen Istanbul starten, ein wenig Aerobic tut meinem sonst nur sitzenden, liegenden und essenden Fahrer gut. Und ein wenig Abstand schadet ohnehin keiner intensiven Beziehung. Ich überlasse Rico das erste Mal auf dieser Reise den Beifahrersitz. Spätestens jetzt muss Sharif merken, dass es an ihm ist, etwas zwischen uns wieder ins Lot zu bringen. Doch er scheint mich mein Problem aussitzen lassen zu wollen. So freut er sich über Copilot Rico. Die Männer diskutieren, wie wichtig es sei, Ersatzteile mitzunehmen, allen voran Diesel- und Wasserpumpe, während ich abgeschieden in der hinteren, in Sharifs, Koje liege und schmolle. Als mir das einsame Starren aus dem Fenster auf die hinter uns liegende Autobahn zu langweilig wird, beginne ich, ein wenig in dem islamischen Lehrheftchen „Schreie aus dem Grab" zu lesen. Es dient Sharif unter anderem als Reiselektüre und liegt neben seinem Kopfkissen. Das Büchlein ist von einem islamischen Verlag in Deutschland herausgegeben und wirkt wie ein John-Sinclair-Groschen-Gruselroman. Das Deckblatt zieren verzerrte, schreiende Seelen, einem US-Horrorfilm-Plakat nachempfunden. Ich lese ein wenig darin im Schein meiner Taschenlampe und ärgere mich über die angsteinflößenden, angeblich auf dem Qur'an fußenden Gruselgeschichten, die mein Fahrer liest und denen er Glauben schenkt. Überhaupt, der Qur'an! Wenn in dem Heiligen Buch doch ausdrücklich steht, dass den Kindern, Jungen wie Mädchen, Reiten und Schwimmen beizubringen sei, wie kann dann den Mädchen Baden und Fahrradfahren verboten werden? In der Hoffnung auf die moderne, urbane Weltstadt Istanbul und ihre Vielschichtigkeit schlafe ich mit den „Schreien aus dem Grab" in der Hand ein.

Als Sharif mich weckt, ist es gerade mal zehn Uhr abends. Wir sind in Istanbul, direkt im Zentrum der 16-Millionen-Stadt, im Viertel Sultanahmet. Beim Aufwachen denke ich daran, wie mein Vater mir auftrug, den Sultanahmet-Pub aufzusuchen, in den Siebzigern besuchte er ihn mit meiner Mutter. Das war damals „the Place to be" in Istanbul, hier erfuhr man Neues von anderen Reisenden und Hippies, die mit ihren VW-Bussen bis nach Indien und Afghanistan fuhren. Lange vor Funktelefon und Internet war dies der internationale Treffpunkt der Orient-Traveller.

Ich schaue aus dem Fenster, sehe belebte Straßen, alles ist voller Leben. Menschen – islamisch oder weltlich schick zurechtgemachte Frauen, plaudernde Männer, Familien, Teenagergruppen, auch Paare – genießen den milden Abend und flanieren, knabbern Nüsse auf Bänken, füttern die unzähligen Tauben. Genießen die Gratis-Konzerte, die jeden Abend im Ramadan zwischen der 1453 errichteten Universität und der berühmten Hagia Sofia von Künstlern und Orchestern des Landes gegeben werden. Doch mein Herz ist trotz all der draußen spürbaren Lebensfreude schwer. Fühle ich tatsächlich Melancholie in mir? Heimweh? Ich hätte jetzt einfach gerne, so wie meine Eltern damals, einen geliebten Menschen an meiner Seite. Einen geliebten Menschen aus meinem Kulturkreis, mit dem ich ohne soziokulturell-religiöse Einschränkungen einen ganz normalen Städtetrip erleben könnte. Ich muss neue Freunde finden.

„Hey, Jasna, komm raus, hier gibt's was zu erleben, wir sind auf der letzten Station vor Asien, und zur Feier des Tages kauf ich uns ein Eis!", höre ich Sharif in den Bus rufen. „Kommst du heut noch raus, oder muss ich Rico schon wieder alleine die Welt erklären? Los, Süße, du bist der weltliche Gegenpol, unser Bildungsauftrag braucht dich, sonst glaubt der Kleene am Ende noch alles, was ich ihm erzähle", scherzt er so selbstironisch, dass ich grinsen muss. Mir fällt wieder ein, dass ich ja eigentlich mit jemandem unterwegs bin, den ich zwar nie ganz verstehen werde, aber dennoch liebe. In Jeans, Trainingsjacke und Basecap springe ich halbwegs besänftigt aus dem Bus und weiß, dass ich noch ein paar Wochen bis zur Versöhnungs-Umarmung warten muss. Obwohl mir als Frau, als halber Südländerin noch dazu, solche körperlichen, herzlichen Gesten sehr wichtig sind.

„Du siehst zwar aus wie eine Amerikanerin, aber so sind deine Klamotten in Ordnung", beurteilt Sharif mein gesittetes Auftreten mit dem Kompromiss Schirmmütze über weggestecktem Pferdeschwanz statt Kopftuch. Auch Rico bekommt noch ein paar Kommentare ab: „Wenn die Mädchen, die du angaffen willst, einen Typen, egal ob Vater, Mann, kleinen Bruder oder Sohn, dabeihaben, dann schau sie nicht an und unter gar keinen Umständen ihnen hinterher, O. K.? Ab jetzt

kann es allein schon für Blicke Ärger geben, capito, Ricolino?"
Rico nickt, ich nehme den mich betreffenden Kommentar zur
Kenntnis und ärgere mich über die sexistische Diskriminie-
rung, die Sharifs Lehrsprüchen für Rico zugrunde liegt.

Wir spazieren durch die Straßen, über die Plätze, bewundern die Silhouette der Blauen Moschee und der Hagia Sofia,
die ab 532 nach Christus für tausend Jahre lang das größte
christliche Gotteshaus der Welt darstellen sollte. Hier wurden
die byzantinischen Kaiser gekrönt, bis die Osmanen 1453 die
Stadt unter Mehmet dem Eroberer einnahmen und einer Le-
gende zufolge angeblich gleich den ersten islamischen Gottesdienst im achten Weltwunder, dem letzten richtungweisenden
Bauwerk der Spätantike, abhielten. Ich bin ergriffen, will
meine Begeisterung teilen, aber meine Herren sind in eifrige
Fachsimpeleien über die Unterschiede von „West-" (bzw.
„Ost-") und „Orient-" Frauen verstrickt.

Im Tonfall dessen, der die Welt gesehen hat, erklärt Sharif,
dass die arabischen Frauen das Beste seien, was einem Mann
passieren könne. Sie würden nicht aufmucken, keine frechen
Forderungen stellen wie die West- oder schlimmer noch die
Ost-Frauen in Deutschland. Sie seien so großgezogen worden,
dass sie immer alles für ihren Mann tun würden und ihn nicht
bei der ersten Kleinigkeit verließen, so wie die deutschen
Frauen es täten. „Schau doch nur nach Palästina, dort sitzen
so viele kluge Männer wegen ihrer politischen Aktivitäten im
Gefängnis, und ihre Frauen warten zwanzig Jahre auf sie. Da
wird nicht gleich wie bei euch mit dem Erstbesten durchge-
brannt." – „Ja, klar", schalte ich mich in den Vortrag im ma-
lerischen, mit niedlichen Lichtern dekorierten Park vor der
Blauen Moschee ein. Aber auf Niedlichkeit habe ich gar keine
Lust, wenn ich schon wieder Sharifs „Arabiens Frauen über
alles"-Lobreden höre. „Was sollen ‚eure' Frauen auch anderes
machen, wenn sie mit 25 schon sechs Kinder haben und we-

der lesen noch schreiben noch einen anderen Job außer Kochen können? Sie dürfen in eurer Gesellschaft de facto nur als Frau mit Mann vorhanden sein. Wie kann man sich nur permanent der Realität und adäquaten Reformen im eigenen Land gegenüber verschließen, dabei aber Satelliten-TV, Funktelefone und russische Prostituierte importieren ... Rico", wende ich mich an den leicht verwirrten Leipziger, der wie ein Kind zwischen entgegengesetzt argumentierenden Eltern hin- und herblickt. „Rico, weißt du, was das Gute ist an einer deutschen Frau, die dich liebt? Eine Araberin freut sich womöglich noch, wenn der 15 Jahre ältere Mann ewig im Gefängnis ist. Dann braucht sie einige Jahre lang mal nicht Kinder bekommen, wo sie ohnehin schon von der Hand in den Mund leben. Und weißt du, Sharif, was für dich der Unterschied zum Verheiratetsein mit einer West-Frau, mit mir zum Beispiel, wäre? Ich wäre kampfbereit wie eine Löwin und würde Himmel und Hölle in Bewegung setzen, um meinen Mann da deutlich früher als nach zwanzig Jahren rauszubekommen. Notfalls würde ich vor der Knesset campieren und alles live auf meiner Website und bei CNN übertragen, aber ich würde dich da rausholen."

Rico schüttelt sich vor Lachen, Sharif ist amüsiert, aber nimmt mich nicht ernst. „Schweig, du hast keine Ahnung davon, wie es einer palästinensischen Mutter geht, die nicht weiß, wie sie ihre sechs Kinder ernähren soll!"

Ich schüttele meinen Kopf, das Schütteln setzt sich als Schauer in meinem ganzen Körper fort. Das Leid dieser fiktiven palästinensischen Mütter aus unserer Diskussion kann mich jetzt nicht dazu bringen, von meinen Ansichten abzuweichen. Zum Glück kann ich lesen und schreiben und bin in dem Bewusstsein, genauso gut wie Männer und überhaupt alle anderen Menschen auf diesem Planeten zu sein, als glückliche Europäerin aufgewachsen. Voller Dankbarkeit über meinen deutschen Pass, der mir jedwede Reiseplanung der Welt ermöglicht.

Sharif erzählt Rico nun etwas von der „funktionierenden islamischen Gesellschaft", die darauf gründe, dass arabische Frauen aufgrund ihrer „guten Erziehung" ihre Rolle im Kinderkriegen und im Haushalt nicht in Frage stellten. Ich erkenne meinen Freund nicht wieder. Er, der meine Computer- und Fremdsprachenkenntnisse bewundert, der meine Texte verschlingt, um mich dann mit Komplimenten über sie und mich zu verwöhnen, predigt plötzlich „Frauen an den Herd!"? Seine leiblichen Schwestern haben studiert und promoviert. Ich bin wütend, aber gefasst. Versucht er bloß, der Rolle gerecht zu werden, die seine Familie, die ihn dringend verheiratet sehen will, ihm aufoktroyieren wird, sobald er Jordanien betritt? Oder sollte ich mich einfach in ihm getäuscht haben?

Eigentlich habe ich gar keine Lust mehr, auch nur einen Tag länger gemeinsam zu reisen. „Was willst du mit einer 15 Jahre jüngeren Frau, die nichts vom Leben weiß, außer, wie man windelt und Lamm in Joghurt kocht? Du hast doch schon die halbe Welt gesehen. Meinst du, sie wird dich glücklich machen? Wolltest du nicht immer mit einer Frau wie mir durch die Welt reisen und Abenteuer erleben? Unrecht dokumentieren, Missstände aufdecken? Gemeinsam Länder, Menschen, Sprachen erobern, zusammen Kinder großziehen?"

Sharifs Blick aus seinen großen braunen Augen mit den ewig langen Wimpern trifft mich bis ins Mark. Eindringlich, ernst, betroffen, unendlich traurig, unendlich unfrei. „Ja, aber es geht nicht darum, was ich will. Ich bin der älteste Sohn, ich bin dreißig, ich muss die Familiengeschäfte übernehmen. Es geht nicht darum, was ich mir für mein Leben wünsche, es geht darum, was von mir verlangt wird."

Diese Diskussion hatten wir schon des Öfteren, aber ich habe kaum Mitleid mit ihm in diesem Punkt. Wer nicht rebelliert, der verliert. Das gilt für Heranwachsende, die mit ihren Lebensumständen unzufrieden sind, der Satz gilt international und für mich auch system- und religionsübergreifend. Oder ist es kulturelle Arroganz, Rebellion als Allgemeingut vorauszusetzen? Sollte sich Sharif einfach so verheiraten lassen, dann würde ich allen Respekt vor ihm verlieren. Als islamisches Mädchen in einer konservativen Familie hätte ich nicht zuletzt gegen meine Zwangsverheiratung aufgemuckt – und weiß doch im selben Moment, dass ich dies nur aus meiner Position als europäischer Frau heraus mit Sicherheit behaupten kann. Wie würde ich mich als Mann fühlen, der unter dem jährlich wachsenden Druck von hunderten Familienangehörigen zu leiden hat?

Wie schlecht es auch in der modernen Türkei um die Frauenrechte bzw. deren Durchsetzung – bei aller Modernitätsbestrebung – bestellt ist, sollte ich bereits am übernächsten Tag im Gespräch mit einer Mitarbeiterin von Karin Ronge, einer deutschen Frauenrechtlerin, die seit 1993 in Istanbul lebt und die Frauenschutzorganisation „Women for Women's Human Rights" (WWHR) mitbegründet hat, herausfinden. Doch zunächst trenne ich mich von meinen Begleitern, spaziere allein durch die beeindruckende nächtliche Schönheit des Sultanahmet-Viertels und frage mich nach besagtem Pub, von dem meine Eltern sprachen, durch. Das Lokal ist trotz Ramadan gut besetzt, es wird Alkohol ausgeschenkt, das Publikum ist eher türkisch als international. Statt wilder Reisegeschichten gibt es hier ein mehrsprachiges Menü mit Abbildungen der angebotenen Gerichte und kostenlose drahtlose Internetverbindung. Beim Zurückspazieren zum Bus werde ich trotz meiner braven Kleidung ständig von Männern angesprochen, angelacht oder mir wird hinterher gepfiffen. Auch andere Mütter haben Jungs mit großen braunen Augen, denke ich, und flirte bei einigen vorsichtig zurück. Ich muss an eine zurückliegende Ägyptenreise denken. Meine Kommilitonin Nora hatte mit ihren großen grünen Augen einem halben ägyptischen Dorf den Kopf verdreht. Die forsche 21-Jährige handelte sich viel Aufmerksamkeit, einige Aufdringlichkeit wie auch einigen Ärger durch ihr keckes Verhalten ein – und lernte für das Leben in der arabischen Welt.

Als ich danach meine beiden Gefährten am Bus wiedersehe, habe ich überhaupt keine Lust, mich schon wieder mit ihnen abgeben zu müssen. Vor allem habe ich kein Bedürfnis, mich mit Sharif auseinanderzusetzen, geschweige denn, den engen Raum mit ihm zu teilen. Rico kann nämlich heute Nacht sein Zelt nicht aufschlagen. Mein Team plant, die erste Nacht in Istanbul auf dem großen Parkplatz vor der Universität zu verbringen, was normalerweise Geld kostet und über Nacht auch nicht gestattet ist. Doch Sharif, gewitzt wie immer, klärt es mit dem Parkplatzwächter, der unsere Reise toll und unterstützenswert findet. Nachdem die drei Herren auf Sächsisch, Englisch und Deutscharabisch Insiderwissen über Dieselmotoren ausgetauscht haben, zeigt uns unser Nachtwächter die öffentlichen Waschräume, die uns nun zur Verfügung stehen. Sie sind blitzsauber und werden stündlich gereinigt. Nur kann Rico eben nirgends sein Zelt aufbauen – er muss im Bus schlafen und ich mich in der hinteren Koje an Sharifs Seite drängen. In meiner Stimmung scheint es mir unmöglich, unerträglich, neben ihm zu nächtigen. Soll ich konsequent sein, in ein Hotel gehen? Nicht einmal zu einem solchen Schritt habe ich die Kraft. Ich fühle mich alleingelassen, unverstanden, ungeliebt, unerwünscht, verboten. Auch wenn ich mich korrekt kleide, erkennen die Türken, dass ich Europäerin bin, und scheinen ihren Heiligen Monat ganz schnell zu vergessen. Was ist all der Glaube, all das Fasten, all das In-die-Moschee-Gerenne wert, wenn die Männer sich nicht an ihre eigenen Regeln halten? Hatte ich jemals wirklich geglaubt, dass ich in einem islamischen Land im Ramadan weniger beachtet würde als sonst? Sharif würde sagen, natürlich schauen sie, denn es sei der Teufel, der sie, aus mir heraus, reize. Der Teufel!

Als die beiden sich zum Schlafen fertig machen, nehme ich meine Yogamatte und schiebe sie zusammen mit meinem Schlafsack und meiner Taschenlampe unter den Bus. Dort ist es niedriger, als ich es mir vorgestellt hatte. Ich nehme mein CS-Gas aus dem Handschuhfach, in dem es seit Bulgarien auf seinen Einsatz wartet. Rolle mich unter unser Gefährt, stoße mit meinem Knie am Auspuff an, mache mir meine zivilisierte, halbwegs schicke City-Travellerhose mit Öl schmutzig, krieche in den Schlafsack und weine leise vor mich hin. Nach einer Stunde kommt Sharif endlich, schaut nach mir und fährt mich an, dass ich hier nicht so liegen könne, ich solle in den Bus kommen. Er nimmt sich nicht genug Zeit, um in der Dunkelheit zu erkennen, dass ich weine und dass es vielleicht angebracht wäre, seinen Ton zu ändern. So liege ich da, mich an mein CS-Gas klammernd und alles verfluchend, was mich auf diese Reise trieb. Morgen will ich Freunde in Berlin und meine Eltern anrufen, mir moralische Unterstützung und neue Kraft holen, will meine Freiheit, mein Selbstbestimmungsrecht zurück. Ich will nicht mehr, bin schwach und traurig. Ich habe den Ramadan Blues, nach einem Tag in der islamischen Welt, zwei Jahren des mühsamen Studiums der arabischen Sprache, nach Jahren der Beschäftigung mit dem Thema.

Gegen vier Uhr morgens kommt Sharif endlich erneut zu mir, hockt sich hin und spricht mit mir wie mit einem Hund. Wie dumm ich sei, was ich hätte, was das alles solle. „Komm schon, sei nicht albern!", ist noch die freundlichste Einladung, die ich erhalte. Ich überlege, wie mich andere Freunde in ähnlicher Situation behandeln würden. Doch ich kann mir mit einem anderen Mann keine vergleichbare Situation vorstellen. Zum einen „behandeln" meine Freunde mich ebenso wenig wie ich sie, wir gehen auch bei Konflikten aufmerksam miteinander um, schließlich haben wir uns freiwillig und gerne, wenn nicht sogar begeistert entschieden, mit dem anderen Menschen gemeinsame Zeit zu verbringen. Zum anderen hätten sich meine Freundinnen an dieser Stelle längst von ihrem vermeintlichen Freund getrennt. Dessen bin ich mir sicher; auch mir gefällt in diesem Moment der Gedanke an sofortige Trennung. Eigentlich müsste ich mich in ein Hotel einbuchen oder besser sofort zum Flughafen fahren und den ersten Flieger Richtung Berlin nehmen. Ohne ein Wort der Verabschiedung. Würde es Sharif überhaupt treffen? Oder wäre er einfach nur froh, ohne den „Teufel" weiterreisen zu dürfen? „Nein", sage ich mir und denke an das, was mir ein kluger Berliner Vertrauter jetzt empfehlen würde, nämlich: „Bloß nicht emotional werden, das ist unprofessionell!"

Ich will den Rest der Reise nicht gefährden und erinnere ich mich wiederum fest daran, nicht zuletzt beruflich unterwegs zu sein, als investigative Journalistin auf Recherchereise. Innerlich aber koche ich so vor Wut angesichts Sharifs ignorantem Verhalten mir gegenüber, dass ich es ihm heimzahlen will. Ich überlege, meinem Herrn Pascha beim nächsten Iftar Ricos Schweine- unter das Rindfleisch zu mischen und mit Wein abzuschmecken. Nicht einmal merken würde mein Super-Muslim das. Ich bin verletzt und gekränkt. Sein Glaube muss stets respektiert werden, doch auch ich als Agnostikerin glaube an höhere Werte, die mitnichten weniger edel sind als seine. Ich will ihn meine Enttäuschung spüren lassen. Oder ist er mir schon egal geworden? Nein, nein, in diesem Moment ärgere ich mich maßlos über ihn oder zumindest das System, in dem er sein Heil und seine geistige Heimat zu finden versucht.

Doch Hass ist kein Gefühl, das Wärme schenkt. Nur ein wenig mentales Dampfablassen. Erst als die Muezzine der umliegenden Moscheen im Morgengrauen zum ersten Gebet rufen und sich in ohrenbetäubender Kakophonie verlieren, dazu die Straßenbahnen ihren Dienst aufnehmen und alles um mich herum donnert, klettere ich in unser rollendes Heim. Sharif scheint das erste Gebet verschlafen zu wollen, sein gutes Recht als Reisender. Da Rico sich in meinem schmaleren, vorderen Bett breitgemacht hat, bleibt mir nur der Platz an Sharifs Seite. Der Wunsch nach Schlaf überwiegt meinen Ärger, und als ich mich, durchgefroren, zu ihm in die warme Koje lege, flüstert er fast zärtlich: „Na endlich."

In dieser kurzen Nacht träume ich, dass alle fundamentalistischen Regime in der islamischen Welt die Errungenschaften der Moderne an die UNO zurückgeben müssen und von weiteren Neuerungen wie auch von der UNO ausgeschlossen werden. „Bitte schön, lassen Sie Ihre Mobiltelefone auf Ihren Tischen liegen, die Ölförderungsanlagen und Druckerpressen werden bereits in Ihren Ländern abgebaut, Autos und Flugzeuge gibt es für Sie nicht mehr, Sie leben ab sofort nur noch im islamischen Jahr 1427 (unserem 2006, dem jüdischen Jahr 5767) und müssen sich nach dem Koran und der Scharia alleine in der Neuzeit durchschlagen", höre ich einen fiktiven Generalsekretär in der UN-Vollversammlung in New York zu den arabischen Nationen sprechen. Die ausgeschlossenen Herren Delegierten müssen ihre Anzüge sofort gegen Dschalabiyas tauschen und auf einem Dau über den Atlantik zurücksegeln.

Sharif läuft im Bus herum, die Schwingungen wecken mich. Die Parkplatzwächter haben gewechselt, und wir müssen den inoffiziellen, innerstädtischen Luxus-Campingplatz verlassen. Der Parkplatz vor Yedikule, dem Schloss der Sieben Türme direkt an der Theodosianischen Landmauer, wird unser. Das Denkmal liegt im Südwesten Istanbuls, fast an der Stadtgrenze. Ich will zur Universität, mit Studentinnen sprechen und später mit Frauenrechtlerinnen. Derweil warte ich auch im interkulturellen Team auf einen Dialog, doch von der arabischen Seite wird kein Versöhnungsversuch gestartet. Ob er überhaupt fragen wird, warum ich gestern Nacht unter den Bus gekrochen bin? Sharif schnallt sein Motorrad ab und will aufbrechen, Bekannte aus seiner Moschee in Berlin besuchen. Natürlich will ich mit ihm mitfahren, würde mir aber eher die Zunge abbeißen, als ihn darum zu bitten. Er startet einfach und wünscht Rico und mir einen schönen Tag, nachdem der Bus einen sicheren und kostenlosen Parkplatz gefunden hat.

Ich bin außer mir angesichts seiner Ignoranz, nehme mein Fahrrad und breche ebenfalls auf. Den Weg zur Universität werde ich schon finden. Doch nach zehn Minuten komme ich zurück, die Sonne brennt, ich habe schlecht geschlafen und verfüge nicht über die notwendige Kraft und Aufmerksamkeit, um mich als schwächstes Glied im hiesigen Straßenkampf durchzusetzen. Autofahrer scheinen Radfahrer hier nicht zu kennen, ich sehe auch keinen außer mir. Gut, denke ich, dann wird einfach nur das Schloss an unserem neuen Schlafplatz besichtigt. Doch auch Sharif ist von seinem kurzen Ausflug zurückgekehrt.

Die beiden Herren basteln an den Bremsen des Motorrads. Das Problem ist gelöst, Rico darf eine Runde mit der Maschine drehen. Sharif kommt auf mich zu. Fragt endlich, was eigentlich los sei. Ein bisschen zicken wir uns an, dann schießen mir wieder Tränen in die Augen. Endlich erkläre ich ihm meine Probleme mit seinen Ansichten über die Rolle der Frau und deren lautstarke Verkündigung. Dann – ich glaube meinen Nervenzellen kaum – nimmt er mich in seine starken Arme, drückt mich lange und fest und schmatzt mir sogar zig Entschuldigungsküsschen auf die Wange, so lange, bis ich ihn an seinen Ramadan und die gegenüberliegende Polizeistation erinnern muss, deren Mitarbeiter unser un-islamisches Treiben schon argwöhnisch beäugen. „Komm, Süße, wir machen eine Spritztour durch Istanbul, und dann bringe ich dich zu deiner Arbeit an die Uni, O. K.?" „O. K.", sage ich einfach nur, und Sharif schaut erstaunt und erfreut. Normalerweise würde ich eine Diskussion, in der wir uns bis aufs Blut streiten, entfachen. Doch wie soll ein Dialog mit nur einer dialogbereiten Partei ablaufen? Ich will nicht mehr streiten und nehme den zweiten Motorradhelm.

In Berlin hatte er mir Bücher gegeben, in denen die perfekte islamische Lösung aller menschlichen Probleme gepredigt wird, das, woran er glaubt oder zumindest sehr gern glauben möchte. Die Realität in Arabien zeigt aber, dass die Ziele zu hoch gesteckt sind und Reformen, Aufklärung, Verständigung, Vergebung und gerechte Umverteilung zur Schadensbegrenzung an Mensch und Umwelt dringend vonnöten wären. Doch ich kenne seine Antwort auf meine Vorwürfe – die Lebensumstände für einen Großteil der Bevölkerung in der arabischen Welt seien so schlecht, weil die Muslime keine „wahren" mehr seien und von der echten Lehre abgekommen wären. Europa mit seiner hohen Scheidungsrate, der Promiskuität, der legalen Prostitution und den freien Medien kann Sharif nicht als Beispiel für eine funktionierende Gesellschaft akzeptieren, für ihn bedeutet Aufklärung „Verrohung der Sitten durch Hingabe an den Teufel".

Ich steige hinter ihm auf die Cross-Maschine, halte mich unislamisch an seinem breiten Rücken fest, und wir sausen durch Istanbul. Wenn der Kopf ausgeschaltet ist, fühlt es sich nach Abenteuer und Urlaub mit einem meiner besten Freunde an. Warum nur kann er kein normaler Deutscher sein, ein durchschnittlicher Europäer mit aufgeklärten, meinetwegen gern auch konservativen Ansichten, warum bedeutet er mir so viel, warum können einzelne seiner Sätze mich zur Wut, zur Trauer, zum In-Frage-Stellen unseres gesamten freundschaftlichen, ganz besonderen Arbeitsverhältnisses bringen?

Wir haben uns 2001 bei einem Interview kennengelernt. Er arbeitete für eine Nachrichtenagentur als Fotograf. Kaum war unser Auftrag erledigt, begannen wir miteinander zu diskutieren, fanden uns gegenseitig sehr interessant und vergaßen die Welt um uns herum. Unsere Beziehung begann mit seiner Frage, ob ich ihn heiraten wolle. Da ich ihn spannend fand, ein arabischer Partner aber jenseits meines Horizontes angesiedelt war, wollte ich abwarten. Als er es nach einigen Monaten geschafft hatte, mein Interesse für ihn als Mann zu wecken und mein Herz zu erobern, erklärte er, dass er nur um meine Hand angehalten hätte, um aus der vermuteten Masse meiner Verehrer hervorzustechen und mit mir in Kontakt zu bleiben. Dann versuchte er mir zu verdeutlichen, dass eine wie auch immer geartete private Liebesbeziehung nicht möglich sei – aufgrund der verschiedenen Kulturkreise. Zu unterschiedlich seien unsere Ansichten über das Leben, die Definition und Stellung Gottes, über die Familie. Überhaupt, unsere Familien – niemals würde es funktionieren. Seine würde mich nicht akzeptieren, meine würde mich zwar gewähren lassen, aber nicht verstehen. Doch er wolle eine Partnerschaft, eine, die über das Berufliche hinausgehe, eine, die intensiv und persönlich werden solle, aber nicht intim werden dürfe. Darauf ließ ich mich ein. Im vollen Bewusstsein, in jeder Minute mit diesem für seine konservative Einstellung viel zu gut aussehenden Mann eine freundschaftlich-kollegiale Bindung mit tiefem Vertrauen aufzubauen. Dabei hatte ich jederzeit Herrin über all meine Gefühle zu sein und auf immer zu bleiben. Wie schwer das werden könnte, ahnte ich damals nicht.

Sharif bremst plötzlich und zeigt auf ein riesiges Plakat, das auf der Seitenmauer eines Mehrfamilienhauses aufgezogen ist. Es zeigt den Führer der libanesischen schiitischen Hisbollah, Hassan Nasrallah, mit erhobenem Zeigefinger bei einer Predigt. Unter und neben ihm sind tote Babys in Flammen abgebildet. Wir übersetzen gemeinsam den arabischen Text: „Solidarität mit den Opfern der israelischen Invasion im Libanon". Mit diesem dramatischen und nach europäischem Empfinden äußerst geschmacklosen Plakat soll zu Spenden für die libanesischen Opfer des „Sommerkrieges", wie die Libanesen die Invasion Israels im Sommer 2006 nennen, aufgerufen werden.

Als Sharif mich an der Universität absetzt, herrscht großer Tumult auf dem Vorplatz. Hundertschaften der Polizei und uniformierte Sicherheitskräfte der Universität sichern den Haupteingang. Die gesamte lokale Presse ist angetreten, um über die Proteste von rund zehn Studenten, die es gewagt haben, gegen die Erhöhung der Studiengebühren zu rebellieren, zu berichten. Ich rede mit den Studenten, erzähle von ähnlichen Protesten in Deutschland mit tausenden von Teilnehmern, spreche ihnen Mut zu. Die Studenten sind aufgrund ihres Widerspruches exmatrikuliert worden und wollen nun Verfassungsklage einreichen. Ich wünsche ihnen viel Glück bei ihrem Unterfangen und werde bei den Sicherheitskräften, die mit ihren Basecaps und Khakihemden wie Mitarbeiter einer US-Sicherheitsfirma wirken, vorstellig. Die beiden Männer verstehen mich nicht, die Frau jedoch spricht Englisch und auch etwas Deutsch. Ich passiere den Metalldetektor in einem Seiteneingang neben dem bombastischen Universitätstor, weise mich aus, lasse meine Tasche durchsuchen und werde trotz schriftlicher Terminzusage der Universitätsleitung innerhalb der kommenden zwei Tage diese Prozedur noch viermal erfolglos wiederholen. Trotz insgesamt vier Vorsprachen im schäbigen PR-Büro findet sich niemand, der zuständig ist oder des Englischen mächtig wäre, der mit mir sprechen könnte. „Maybe tomorrow, call later" ist alles, was ich von diversen PR-Mitarbeitern zu hören bekomme, die lieber im Internet chatten und Musik herunterladen, als sich um den Journalistenbesuch aus Deutschland zu kümmern. Freundlich sind sie zwar, aber meinem Anliegen in keiner Weise dienlich.

Nach jedem Check-in auf dem wundervoll begrünten, herrlich kühlen Campus mit seiner dichten Bepflanzung und den wunderschönen Fakultäten im osmanischen Stil setze ich mich auf eine Bank und beobachte das Geschehen. Junge Männer und Frauen, 50 000 Studierende gibt es hier, scheinen paritätisch vertreten zu sein, ebenso wie alle aus der westlichen Welt bekannten Jugendmoden. Studenten im Rocker-Stil, in Jeans und Lederjacke gibt es ebenso wie schnittige Karrieristen, die noch deutlich gepflegter als die deutschen Jura- und BWL-Studenten auftreten. Ein Großteil trägt enge T-Shirts oder enge Hemden zur Anzug- oder Leinenhose. Auch bei den Studentinnen ist von Minirock mit Dekolletee bis zum Business-Kostüm mit hohen Schuhen alles vertreten.

Nur wenige junge Frauen erinnern daran, dass ich mich in der Türkei, einem Land mit 99 Prozent muslimischer Bevölkerung, befinde. Die in lange Jacken und Röcke gekleideten Mädchen erreichen die Sicherheitsschleuse noch mit Kopftuch, das sie vor dem Betreten der Lehranstalt abnehmen und gegen Perücken tauschen. Aufgrund der strengen Trennung von Staat und Religion, die Staatsgründer Mustafa Kemal Atatürk („Vater der Türken") 1923 verfügte, ist es ihnen nicht gestattet, die staatliche Uni mit dem religiösen Symbol zu betreten. Unter all den schick zurechtgemachten, westlich-figurbewussten Studentinnen, die offenbar gerne tief in die Schminktöpfe greifen, wirken diese frommen Frauen wie Reminiszenzen an eine längst vergangene Epoche. Ich spreche mit einigen, die sich trotz oder gerade wegen ihrer auffallend unförmigen Kleidung sehr wohl mit ihrem Leben fühlen. Die meisten sind die ersten Mädchen oder auch Mitglieder ihrer Familie, die eine Universität besuchen, und wirken derart hungrig nach Wissen, nach gesellschaftlichem und beruflichem Vorankommen, dass sie ihrer äußeren Erscheinung kaum eine Bedeutung beimessen. Von fast allen höre ich, dass ihre Eltern klug gewesen seien, sie traditionell zu erziehen, denn so seien sie geschützt vor den ständigen Anmachversuchen, die die westlich gekleideten Mädchen von den Kommilitonen in den engen Hemden erleiden müssten. Ihre Kleidung und die Möglichkeit, ihre Haare unter Perücken verstecken zu können, nehmen sie gerne an, da sie sich ohne die Gefahr, durch Männer vom Studium abgelenkt zu werden, ganz auf ihr Fach konzentrieren könnten.

Eine junge Frau beobachtet mich und spricht mich auf Deutsch an. „Kommen Sie aus Deutschland? Darf ich Sie duzen? Mein Name ist Nilgün." Sie trägt dezentes Make-up, blonde Strähnchen zur geföhnten Mähne und fast dieselbe Kleidung wie ich – Jeans, T-Shirt, Trainingsjacke, doch veredelt sie ihr Outfit mit wunderschönem, filigranem Goldschmuck. Nilgün erzählt mir, dass sie in Hamburg geboren und bis zu ihrem vierzehnten Lebensjahr dort aufgewachsen sei und die deutsche Sprache sehr vermisse. Zwar habe sie Satelliten-TV auch mit deutschen Programmen daheim, doch die Möglichkeit zu sprechen fehle ihr sehr. Sie versuche es immer wieder mit ihren Brüdern und deutsch-türkischen Freunden, befürchte aber, dass sie alle die gleichen Fehler machten und sich so nicht gegenseitig korrigieren könnten.

Wir plaudern ein wenig. Über meine Reise, über Sharif. „Na, der muss aber wirklich sehr gut aussehen, wenn du dir das alles von ihm gefallen lässt!" Die dreißigjährige Langzeitstudentin der Wirtschaftswissenschaften lacht und ruft aus: „Weißt du was? Du bist sehr nett und lustig. Möchtest du nicht meine Freundin sein?", was ich natürlich bejahe. Wir beschließen, den Rest des Tages zusammen zu verbringen. Nilgün ist genau das, was ich jetzt brauche, um meinen Ramadan Blues zu vergessen. Sie erschrickt, als ich ihr meine Beobachtung mitteile, dass außerhalb der Universität doch mehr Frauen als erwartet traditionelle Kleidung tragen. Und auch nicht wenige von ihnen – der typische Vorwurf gegen den türkischen Islam – scheinen hinter ihren Männern hergehen zu müssen. Natürlich sei sie Muslima und glaube fest an Allah, halte aber weder den Ramadan noch die Gebete ein. Auch einige Freunde habe sie schon gehabt, und garantiert keine ihrer Freundinnen sei noch Jungfrau. „Das alles sind Regeln aus alter Zeit. Im Koran steht doch auch, dass Männer sich Sklavinnen kaufen dürfen und all so etwas." Sie kichert über meine Erwartungen an die Türkei: „Wir sind doch nicht im Jemen oder im Iran! Vieles ist hier viel moderner als in Deutschland, hast du das noch nicht bemerkt?"

Ich verneine, erinnere mich aber an eine Überlandfahrt, die ich mit einem türkischen Langstreckenreisebus im letzten Jahr von Syrien nach Antalya unternahm. Als ich in den ultramodernen, klimatisierten Bus mit mehreren TV-Monitoren stieg, wurden jedem Passagier von einem extra dafür angestellten Servicemitarbeiter Tücher mit frischem Rosen- und Zitruswasser gereicht, der Bus wurde auf einer Raststätte mitten in der Nacht außen und innen komplett gereinigt. Permanent reichte der Serviceangestellte den Passagieren Tee, Wasser und Gebäck, alles im Fahrpreis inbegriffen. Bei dem Versuch, meine Schuhe auszuziehen, wurde mir bedeutet, dass dies streng verboten sei. Damals fühlte sich der Einstieg in den türkischen Bus, aus dem unvergleichlich rückständigeren Syrien kommend, wie die Einreise nach Europa ein.

Doch diese kleinen Erinnerungen sind meiner neuen Freundin viel zu wenig „moderne Türkei". Nilgün will mir unbedingt ihr Türkei- oder zumindest Istanbul-Bild vermitteln. Ihren Vorschlag, mir ihre Stadt zu zeigen, nehme ich dankend an. „Ich trinke gerne Bier, du auch?", fragt sie mich mit ihrem niedlichen Akzent. Zwar bejahe ich, erkläre aber auch, so unkompliziert es geht, mein seltsames kulturelles Experiment zum Ramadan und sage ihr, dass ich aufgrund dessen am heutigen Tag noch nichts gegessen habe und dass schon mein gestriger halbherziger Ramadan-Teilnahmeversuch am Bier gescheitert sei. „Oh, komm, du musst etwas essen, und dann müssen wir mit deutschem Bier auf unsere Freundschaft anstoßen, das macht man hier so!", lacht sie. „Ich lade dich ein, komm mit, wir holen bei meinem Cousin nur schnell etwas Geld." Wir spazieren eine Viertelstunde in Richtung des Sultanahmed-Pubs, zu einem Teppich- und Lederwarenladen, der ihrer Familie gehört und in dem sie auch arbeitet. Als ihr Cousin, der ebenfalls in Hamburg aufgewachsen ist, hört, dass ich Nilgüns neue deutsche Freundin bin, müssen wir natürlich erst einmal Tee miteinander trinken.

Der Cousin ist sehr offen zu mir. Der große, stämmige Mittzwanziger erzählt mir schon nach wenigen Sätzen, dass er zwar verheiratet und Vater von zwei Kindern sei, sich „im Inneren aber wie eine Frau fühle" und schwul sei. Seine Familie würde es nie verstehen und auch liebe er seine Frau, körperlich würde er aber Männer begehren. Er schwärmt von der Liberalität der Istanbuler Schwulenszene. Er könne seine homosexuelle Identität vollkommen ausleben, die Doppelexistenz belaste ihn zwar, aber nicht so sehr, dass er ein Coming-out vor der Familie und den ganzen Scheidungsstress durchleben wolle. Als Nilgün ihn nach etwas Geld fragt, gibt er ihr rund hundert Euro, damit wir uns einen schönen Abend machen können.

„So, jetzt brauchst du erst einmal ein anständiges türkisches Willkommensessen", bestimmt sie. Die Sonne wird in zwei Stunden untergehen. Vor den zahlreichen, tagsüber geschlossenen Restaurants im historischen Viertel haben sich schon lange Schlangen gebildet. „Weißt du, warum hier so viele altmodische Leute sind?", fragt sie mich. „Das sind Menschen vom Land, die im Heiligen Monat die heiligen Stätten besuchen, um zu beten. Vergiss das jetzt. Wir fahren in mein Istanbul. Taxi!" – und schon sitzen wir in einem Taxi mit einem funktionierenden Taxameter, welches der Fahrer ungefragt sofort einschaltet. In arabischen Ländern geht dem Gebrauch des Taxameters, vorausgesetzt er funktioniert, stets eine Diskussion mit dem Fahrer voraus. Wir fahren über die bombastische Galata-Brücke, eine der beiden Brücken, die das Goldene Horn überspannen, die Wasserverbindung zwischen Schwarzem Meer und Mittelmeer, in Richtung eines der Vergnügungsviertel, nach Taksim. Zum ersten Mal erhalte ich einen weiten Panoramablick über die Dimensionen der Metropole. Mir stockt der Atem ob der beeindruckenden Ausmaße. Meine Heimat Berlin erscheint mir plötzlich unglaublich provinziell, Istanbul steht wohl eher in einer Reihe mit Tokio, Mexiko-Stadt und São Paulo statt mit Paris, Berlin oder Hamburg. Ständig ändern sich die Horizonte, ich bin glücklich: In Byzanz, in Konstantinopel, im urbanen Istanbul, von Nord nach Süd, von West nach Osten erstreckt sich die Stadt unter dem sonnigen, klaren, ewig weiten Himmel. Der Wind bläst erfrischend ins Taxi, ich fühle mich endlich wieder frei.

Wir erreichen den Taksim-Platz im Stadtviertel Beyoğlu, einen wichtigen Verkehrsknotenpunkt im westlichen, europäischen Teil Istanbuls, und scheinen in einer anderen Stadt angekommen zu sein. Nilgün legt schnell noch etwas kräftigen Lippenstift auf und bietet ihn mir an. Sie bezahlt den Fahrer, keine Diskussion. Die vierstöckigen Gebäude sind nach einem

Großbrand im Jahr 1870, bei dem die Holzhäuser, die hier zuvor standen, zerstört wurden, im Jugendstil und im Stil des Historismus errichtet worden. Sie stellen bis heute einen wichtigen Teil des modernen Istanbul dar, wie mir Nilgün erklärt.

Wir steigen aus, sie öffnet den Reißverschluss ihrer Trainingsjacke, so dass ihr enges, bauchfreies Top zum Vorschein kommt. Würde ich meine Jacke öffnen, käme nur ein weites, Sharif-konformes weißes T-Shirt zutage, also beschließe ich, weiter hochgeschlossen zu gehen. Die Straßen sind voller Menschen aller Altersklassen, die Frauen ausnahmslos aufwändig, individuell und exotisch zurechtgemacht. Kein einziges Kopftuch ist weit und breit zu sehen, dafür große internationale Mode und das Neueste aus der türkischen Designer-Imitationsindustrie. Jedes der Mehrfamilienhäuser, die so auch in historischen Stadtvierteln in Berlin stehen könnten, beherbergt Bars, Kneipen, Restaurants und Discos. In vielen, sagt Nilgün, sind auf sämtlichen Stockwerken mehrere Vergnügungslokale untergebracht. Die Sonne ist noch nicht ganz untergegangen, und doch sind alle Restaurants bis auf den letzten Platz besetzt. Große gemischtgeschlechtliche Gruppen sitzen bei Wein, Bier, Aperitifs und Vorspeisen und scheinen sich keinen Deut um das Fastengebot zu scheren. „Ich mag Rockmusik, komm, ich zeig dir meine Lieblingsbar!" Sie nimmt mich an der Hand und führt mich durch das rechtwinklige Dickicht der Straßenrestaurants. Verführerischer Duft liegt in der Luft, es riecht nach gegrilltem Lamm, nach Fisch, exotischen Gewürzen. Herrlich! Sicherlich bin ich die Einzige in diesem Viertel, die heute noch nichts gegessen hat.

Wir gehen in ihre Lieblingsbar, ein ehemaliges Wohnhaus, in dem ein einzelner Betreiber auf allen fünf Etagen inklusive der Dachterrasse verschiedene Bars eingerichtet hat. Alle Etagen sind gut besucht. Junge Menschen in der gepflegten Designer-Rockerkleidung, die mir schon an der Uni auffiel, scheinen hier ihren Lieblinstreffpunkt zu haben. Auf der Terrasse, dekoriert mit Jimi-Hendrix-, Bob-Marley- und Pink-Floyd-Plakaten, genießen wir bei Blätterteigröllchen und Auberginenmus, Beck's Bier und ohrenbetäubender Rock-'n'-Roll-Musik vor Sonnenuntergang die „blaue Stunde".

Am Haus gegenüber entdecke ich amüsiert eine Berliner Flagge und den Schriftzug „Berlin Bar". Nilgün erklärt mir, dass es viele Bars und Discos gebe, die bereits tagsüber geöffnet hätten, ab 16 Uhr, damit auch die Mädchen, die bei Einbruch der Dunkelheit zu Hause sein müssten, tanzen gehen könnten. Sie bemerkt mein Staunen. Berlin erscheint mir immer provinzieller. „Ich selbst muss um zehn daheim sein", eröffnet sie mir nun, woraufhin ich sie ungläubig anschaue. Sie lacht. „Ja, ich bin schon dreißig, aber ich wohne noch immer bei meinen Eltern. Mein Vater ist sehr krank, er hat Krebs, und ich will ihn nicht unnötig aufregen. Doch wenn ich ausgehen will, haben mein Bruder und ich einen Trick. Die Familie hat noch eine andere Wohnung am Bosporus, in der mein kleiner Bruder lebt. Ich sage meinen Eltern, dass ich bei ihm schlafe, und mache mit meinen Freunden die Sommerwochenenden in den Discos durch. Das machen viele so", flüstert sie kichernd. „Wir sind nicht besonders reich, mein Vater kann sich seine Behandlung hier eigentlich gar nicht leisten. So hoffen wir, dass er noch drei Jahre lebt, bis er 65 ist, damit er seine Rente aus Deutschland endlich bekommt. Hoffentlich müssen wir die Wohnung nicht verkaufen. Hier bekommt er nur sehr wenig Rente, und unser Laden muss die ganze Familie ernähren. Weißt du, wie viele Teppich- und Lederwarengeschäfte es in Istanbul gibt? Manche Semester hatte ich kein Geld und musste die ganze Zeit auf der Straße Kunden werben, deshalb studiere ich immer noch. Komm, ich muss dir noch mehr zeigen!", ruft sie, besteht darauf, zu zahlen, und schon sind wir wieder auf der Istiklal Caddesi, der Fußgängerzone, in der es von Menschen wimmelt.

Wir klettern hinauf in die Tages-Discos in den oberen Stockwerken der Häuser, in denen sich auch Restaurants oder Boutiquen mit eleganter Mode für beide Geschlechter finden. In den Seitenstraßen blinken bunte Lichter, türkische Popmusik tönt aus zig Boxen, jeder Handy- oder Modeschmuck-Shop scheint mit den bunten Lichtern und den lauten Klängen, die aus den Discos der oberen Etagen blitzen und dröhnen, konkurrieren zu wollen. In den Straßencafés sitzen Männer und Frauen bei Wasserpfeife, Backgammon, Tee und Bier. Eine wunderbar mediterrane, weltliche Atmosphäre, die ich genieße. Ich bekomme große Lust, diese Stadt genau zu erkunden, und beschließe, sobald es mir meine Zeit ermöglicht, für einige Monate hier zu arbeiten, um die Vielschichtigkeit begreifen zu können.

Bald wird sich die Sonne senken, es scheint mir Zeit für eine kleine Meldung bei Sharif. Ich schicke ihm eine SMS, dass ich mich freuen würde, wenn er sich mit mir das moderne Istanbul anschaute. Wir verabreden uns am Taksim-Platz. Nilgün hat unterdessen einen Bekannten getroffen, einen Schweizer Anwalt, der hier und an der Schwarzmeerküste lebt und arbeitet. Charles ist ein begeisterter Übersiedler. Er lädt uns zum Essen – und natürlich zu deutschem Bier – in eine wunderschöne, mit Glas überdachte Passage aus dem späten 19. Jahrhundert ein. Ich beschließe, Sharif abzuholen und mit ihm zu meinen neuen Bekannten zurückzukehren.

Doch natürlich habe ich die Rechnung ohne meinen muslimischen Freund gemacht. Als ich ihn am Taksim-Platz treffe, will er nichts von Nilgün und dem sympathischen Schweizer wissen, nur, ob es in dem Lokal Alkohol gibt – und es daraufhin nicht betreten. Gleich ist Sonnenuntergang, er braucht eine Moschee. Er fragt einige Passanten auf Deutsch, Arabisch und Englisch, die meinen seit Wochen unrasierten, leicht verwildert aussehenden Reisepartner mit dem Motorradhelm nur verständnislos anschauen. Bei einem älteren Straßenhändler bekommt er endlich die gewünschte Richtungsangabe. Etwas verloren warte ich mit dem Helm in der Hand in der belebten Fußgängerzone, bis die wenigen Männer zu Ende gebetet haben. Ich bin eindeutig nicht schick genug. Alle Frauen tragen hohe Schuhe. Wenn überhaupt, ernte ich – die vermeintliche amerikanische Touristin, allein auf der Straße – nur mitleidige Blicke. Keiner der duftenden, aufwändig frisierten und rasierten Männer würdigt die deutsche Frau mit der Baseballkappe auch nur eines Blickes. Wie würde ich mich hier in meinem „islamisch korrekten", unförmigen ägyptischen Kleid mit Kopftuch fühlen? Wie ein verkleidetes Steinzeitwesen? Oder wäre ich stolz und glücklich, meine „Ehre" nach außen hin zu wahren? Westliche Gedankenspiele, touristische Luxusfragen, deren Antworten ich laut Sharif am Tag des Jüngsten Gerichtes, „wenn alles schon zu spät sein wird", erhalten werde.

Als Sharif vom „türkischen Turbo-Beten" zurückkommt, will er natürlich essen. Er will aber nicht zu dem von mir vorgeschlagenen Passagen-Restaurant gehen. Natürlich hat er schon das scheinbar einzige islamische Lokal im weltlichen Taksim, direkt neben einem Burger-King-Schnellrestaurant, entdeckt. Während ich meinen neuen Bekannten absagen soll, will er dort speisen und mich mit dem Motorrad zum Bus zurückfahren. Er sei gezwungen worden, umzuparken, weshalb er mich mitnehmen müsse, da ich den Bus sonst nicht finden würde. Schweren Herzens gehe ich in die mondäne Passage.

Nilgün sitzt mittlerweile vor einem Teller herrlichster Meeresfrüchte, man hat Wein bestellt. Der Beistelltisch biegt sich fast unter der Last der kulinarischen Verlockungen. Einige ihrer Freunde sind dazugestoßen, allesamt Deutsch-Türken, die amüsiert dem Schweizer Dialekt des Anwalts lauschen. Alle wollen noch ausgehen. Nilgün wird ihrem Vater sagen, dass sie beim Bruder schläft. Obwohl sich jetzt auch ihre Freunde Mühe geben, mich zu halten, verabrede ich mich mit meiner neuen Freundin für den nächsten Tag und treffe Sharif im zweckmäßig weißgekachelten islamischen Restaurant bei Neonlicht wieder.

Obwohl es hier eine Extra-Abteilung für Frauen und Kinder gibt, darf ich mich bei kostenlosem Tee zu ihm in die Männer-abteilung gesellen. Gut gesättigt, erzählt er mir begeistert, dass er gerade, er hatte nicht genug Geld dabei, vom Besitzer zu einer ganzen Lammkeule eingeladen wurde. Für ihn ein erneuter Beweis für die Großartigkeit und Barmherzigkeit Allahs, eine Bestätigung des Systems Islam. „Ist Ramadan nicht wunderbar?" Da ich nach dem entbehrungsreichen Tag in der Hitze rechtschaffen müde bin, nicke ich nur bestätigend und freue mich auf eine hoffentlich ruhige Nacht. Doch Sharif hat, in Ermangelung von Waschmöglichkeiten an anderen innerstädtischen Parkplätzen, eine Autobahnraststätte kurz vor dem Zubringer in die Stadt als unseren neuen Campingplatz auserkoren, was mich fast schon wieder wütend werden lässt. Nun bin ich noch stärker auf ihn und sein Motorrad angewiesen. Rico liegt schon im Bus und erfreut sich an den leicht bekleideten Schönheiten des lokalen Musikfernsehsenders. Die beiden haben den Tag mit ihrem nützlichen Hobby, am Dieselmotor herumzuschrauben, verbracht und einen neuen Schlafplatz für Rico gebastelt, quer über den beiden Frontsitzen.

Die Waschräume der Raststätte sind nagelneu. So habe ich für die nächsten drei Tage ein Badezimmer, das man so in der arabischen Welt nur in einem Viersternehotel finden würde. Wobei es selbst in dieser Kategorie beispielsweise in Syrien noch vorkommen kann, mal braunes oder auch gar kein Wasser in den Leitungen zu haben. Am nächsten Morgen, wieder sind wir von den neugierigen Angestellten mit Tee geweckt worden, bringt Sharif mich erneut zur Uni, die wieder von der Handvoll exmatrikulierter Studenten und der zehnfachen Menge an Sicherheitskräften belagert wird. Da ich mit meinen Gesprächsbestrebungen nicht vorankomme, will ich mich mit der Frauenrechtlerin Karin Ronge von der Organisation WWHR treffen. Doch obwohl ich auch hier im Vorfeld per E-Mail Kontakt aufgenommen habe, hat weder Frau Ronge noch eine ihrer Mitarbeiterinnen Zeit für ein persönliches Gespräch: „In einem Monat vielleicht, aber so leid es mir tut, wir sind einfach komplett überlastet", wird mir telefonisch mitgeteilt. Die Nichtregierungsorganisation, die mitverantwortlich für ein langsames Umdenken in der türkischen Gesellschaft in Bezug auf die Stellung der Frau ist, hat sich in den fünfzehn Jahren ihrer Existenz zu einem internationalen Netzwerk ausgebaut, das mittlerweile sogar Konferenzen, beispielsweise zum Stellenwert der weiblichen Sexualität in islamischen Gesellschaften, ausrichtet. Doch wichtiger noch bietet die NGO Frauen, denen von männlichen Familienangehörigen aufgrund vermeintlich ehrverletzenden Fehlverhaltens nach dem Leben getrachtet wird, Schutz an einem sicheren, geheimen Ort.

Die jährlichen, großangelegten Aufklärungsaktionen umfassen brisante Themen wie zum Beispiel die Kampagne gegen das Testen der Jungfräulichkeit und für den Erhalt aller Bürgerrechte für Frauen. Aufgrund ihrer Initiativen existieren mittlerweile fünfzehn Frauenhilfsorganisationen in zehn türkischen Provinzen, auch sind Frauenhäuser entstanden, in denen misshandelte und gefährdete Frauen Zuflucht finden können. Die empirischen Untersuchungen, die der Arbeit von „WWHR – New Ways" zugrunde liegen, haben noch Mitte der 1990er erschreckende Ergebnisse hervorgebracht: 60 Prozent einer befragten Gruppe von Frauen etwa gaben an, dass ihre männlichen Angehörigen das Recht hätten, sie bei Fehlverhalten körperlich zu züchtigen. Durch die Arbeit von „WWHR – New Ways" ist aber zumindest das Bewusstsein, dass Frauen die vollen Menschen- und Bürgerrechte zustehen, weit über Istanbul hinaus bis in die entlegenen, ländlichen Provinzen vorgedrungen. Wie Amnesty International berichtet, werden die Menschenrechte hunderttausender Türkinnen täglich verletzt. AI vermutet, dass auch heute noch mindestens ein Drittel, wenn nicht gar die Hälfte der türkischen Frauen Opfer häuslicher Gewalt wird. Im leichtesten Fall geht es um Schläge, dann aber auch um Vergewaltigung, Mord oder die Aufforderung, den Zwang zum Selbstmord. Die erstmals von der türkischen Polizei für die Jahre 2005 und 2006 durchgeführte Erhebung über Gewalt gegen Frauen belegt, dass in den beiden Jahren mehr als 333 000 „mit Gewalt verbundene Straftaten" gegen mein Geschlecht verübt worden sind – alle drei Minuten ein Verbrechen gegen die Weiblichkeit, gegen die weibliche Selbstständigkeit – bei weitaus höherer Dunkelziffer.

Nach dem erschreckenden Telefonat rufe ich Nilgün an, recherchiere noch zum Thema Gewalt gegen Frauen und treffe mich dann mit ihr in einem Restaurant in Taksim. Rico habe ich mitgenommen. Er soll eine echte Türkin kennenlernen. Zunächst versteht Nilgün sein Sächsisch nicht, nimmt seinen Akzent aber dann als lehrreiche Herausforderung aus der Kuriositätenkiste der deutschen Linguistik. Rico befolgt meine Anweisung, sich zurückzuhalten und wie ein Gentleman aufzutreten. Soweit es ihm möglich ist, soll er sich auf sein bestes Hochdeutsch besinnen. Als ich Nilgün nach der Situation der Frauen befrage, winkt sie ab. Sie kenne zum Glück keine Frau, die misshandelt worden sei, doch unter strengeren Auflagen als selbst ihre jüngeren Brüder hätten alle ihre Freundinnen zu leben. „Aber du weißt ja, wir finden immer einen Ausweg!" Die letzte Nacht hat sie mit ihren Freunden in der Disco durchgemacht, war weder zu Hause noch beim verbündeten Bruder und erzählt, dass es zumindest in der gebildeten Schicht mit Kontakt zum Ausland „gesittet wie bei euch in Europa" zugehe. Zwangsverheiratungen und Ehrenmorde, so glaubt sie, seien eher Probleme der unterentwickelten kurdischen Minderheit, die immerhin 15 der rund 77 Millionen türkischen Staatsbürger stellt. Doch die Kurden, „Bergtürken", verweigerten sich der Integration und dem Fortschritt, wollten laut Nilgün „unzeitgemäß" ihren eigenen Staat. „Dabei wollen wir doch alle nach Europa! Aber ich halte das für keine gute Idee. Ich glaube, langfristig sind wir sogar stärker alleine." Sie springt noch einmal zur Kurdenfrage zurück. „Wir wollen ihnen helfen, schicken ständig Lehrer und Ärzte in ihre Region, doch was machen die Bergtürken? Sie töten sie einfach!" Mit dieser Argumentation will sie mir weismachen, dass familiäre und überhaupt Gewalt kein Problem der türkischen Gesellschaft, zumindest nicht der Stadtbevölkerung sei. Doch wenn nur 20 Prozent der türkischen Staatsbürger Kurden sind, aber nahezu die Hälfte aller türkischen Frauen Erfahrungen mit häuslicher Gewalt hat, kann ihre Rechung nicht aufgehen.

Ich beschließe, nicht weiter nachzubohren, und freue mich, wie engagiert meine neue Freundin darum kämpft, mein neues, modernes Türkei-Bild nicht zu zerstören. Sei es nicht auch in Deutschland so, dass verschiedene Schichten existierten, will Nilgün wissen. Dass es auch in Deutschland dringend benötigte Frauenhäuser gebe, obwohl wir alle so gut erzogen seien? Ich bejahe und freue mich, dass ich eine Freundin wie Nilgün gefunden habe, die vielleicht nicht umfassend über die Zustände der Frauen in ländlichen Gegenden informiert ist, dabei aber jetzt schon unerschütterlich an den Fortschritt glaubt und, zwar heimlich, aber immerhin, ihr eigenes Leben lebt. Mit Frauen wie ihr kann eine Gesellschaft sich ändern, denke ich, als Rico und ich uns von ihr verabschieden und weiterziehen.

Sharif hat den heutigen Tag, abgesehen von Besuchen in der Moschee, wiederum fast ausschließlich im Bus verbracht. Er war fleißig, hat eine neue Gasflasche gekauft und installiert, den Bus komplett ausgeräumt und alles sauber geputzt. Wie emanzipiert er sein kann, will ich denken, wie schön und ordentlich unser Haus ist, freue ich mich. Toll auch, dass ich seit Tagen nicht mehr unter Zeitdruck kochen musste.

Der nächste Tag soll unser letzter in Istanbul werden. Nachdem Rico und ich das Touristenprogramm mit Hagia Sofia, Blauer Moschee und Besuch des Basars absolviert haben, zieht es ihn zurück in den Bus. Ich besichtige noch den Topkapi-Palast, in dem die Sultane des Osmanischen Reiches in unvorstellbarer Prunksucht und architektonischer Schönheit residierten, auf einer malerisch gelegenen Halbinsel, die auf Istanbul, das Goldene Horn und den Bosporus blickt. Bis zu 5000 Menschen gleichzeitig lebten in den verschiedenen Palästen auf dem weitläufigen Gelände seit Baubeginn 1453, angeblich sollen zeitweilig 300 bis 2000 davon Haremsdamen gewesen sein. In einem Raum sind Memorabilien des Propheten Muhammad ausgestellt, seine Schuhe, seine Waffen, seine Barthaare und eine der ersten geschriebenen Ausgaben des Qur'an. Die gläubigen Besucher sind ergriffen, manche weinen sogar.

Die Jungs holen mich am Palast ab. Wir fragen uns zur Autobahn Richtung Ankara durch und erreichen endlich Asien über die 1973 von der deutschen Firma Hochtief gebaute, 1560 Meter lange Atatürkbrücke. Die Ausläufer von Istanbul bestehen über Kilometer hinweg aus identischen Wohnblöcken, die ohne ersichtliche Infrastruktur entlang der Autobahn hochgezogen worden sind. Und, das scheint dem Staat wichtig zu sein: Entlang der Straße wehen zahlreiche, bombastische türkische Flaggen im Wind, gegen die die deutsche Beflaggung vor dem Reichstag bescheiden wirkt. Für ein riesiges Land wie die Türkei, dessen Durchquerung noch vier Tage dauern wird, scheinen sie mir im Nachhinein angemessen.

Ankara – 2658 Kilometer von Berlin

Wir fahren an Ankara vorbei. Sharif hat sich überzeugen lassen, zur Aufbesserung meiner Laune zwei Tage in der magischen Landschaft Kappadokiens, in der Gegend um Göreme und Ürgüp in Zentralanatolien, zu campen. Natur für Rico und mich, Moscheen und Erholung für Sharif, dessen Zeh sich infolge des bulgarischen Ananasdosenunfalls schmerzhaft entzündet hat. Auf meine zahlreichen Angebote, ihm die Verletzung zu desinfizieren und zu versorgen, reagierte er nicht, er sei ein Mann, was solle das bringen? Jetzt hat er die Quittung, typisch Mann, egal ob Okzident oder Orient. Das Gejammer ist groß. Wie in Arabien üblich, nimmt er seit einigen Tagen starke Antibiotika, die er als Reiseapotheke dabei hat – in arabischen Ländern sind fast alle Medikamente rezeptfrei, besonders Antibiotika werden gern und schnell verschrieben. Da sie bei einem fastenden, tagsüber keine Flüssigkeit aufnehmenden Menschen starke Nebenwirkungen haben, nutzt der ermattete Sharif jede Gelegenheit, um sich hinzulegen.

Rico und ich genießen die Tage in der spektakulären Tuffsteinlandschaft, die das Weltkulturerbe dieser Region zu bieten hat. Schon 6500 vor Christus lebten die Hetither hier, im Gebiet der späteren Seidenstraße. Bis 1071 war Kappadokien byzantinisch und christlich; bis heute sind rund 3000 Kirchen entdeckt worden. Die vornehmlich griechisch-orthodoxen Christen, die hier bis ins 20. Jahrhundert lebten, suchten

Schutz, da die Städte der Seidenstraße beliebte Ziele für Angreifer waren. So bauten sie ihre Wohnungen, Kirchen und Columbarien in die kleinen, kegelförmigen Berge aus Vulkangestein, die, verbunden durch hunderte von kilometerlangen Gängen, Belüftungs- und Bewässerungsanlagen, bis zu acht unterirdische Stockwerke tief waren. Die letzten von ihnen verließen die Türkei in den Jahren zwischen 1922 und 1924, als die Türkei und Griechenland ihren großen Bevölkerungsaustausch durchführten. Hier, in Zentralanatolien, kann ich zwar nicht mit dem Partner meiner Wahl, aber mit dem mir immer sympathischer werdenden Rico einen kurzen Abenteuerurlaub erleben. Während Sharif die Tage mit seinen Antibiotika verdämmert, erkunden der Leipziger und ich das Weltkulturerbe. Zwei Tage lang klettern wir durch die skurrilen, in den Fels gehauenen Ansiedlungen und kehren erst bei Einbruch der Dunkelheit zu unserem Dumbo zurück. Ich freue mich über den freiwilligen Rollentausch: Wenn Rico und ich von unseren Ausflügen heimkehren, hat Sharif stets schon eingekauft und bereitet uns herrliche Speisen aus den frischesten Zutaten, die wir, mit einer ordentlichen Fleischbeilage, am Lagerfeuer verzehren. Fleisch, das es in der Türkei natürlich nur „halal" geschlachtet gibt.

Als wir nach fast einer Woche in der Türkei auf schlechten Straßen in ewig weiter, trockener Landschaft endlich wieder Richtung Meer fahren, starten wir noch einen Urlaubsversuch. Zwar finden wir dieses Mal einen langen, breiten Sandstrand. Die Jungs springen, es ist kurz vor Sonnenuntergang, schnell ins Wasser. Mir ist aufgrund eines am Ufer liegenden toten Pferdes der Spaß vergangen, so finde ich es diesmal auch nicht schlimm, zu kochen anstatt zu baden. Als Rico und Sharif aus dem Wasser zurückkommen, bemerken sie, dass wir viel zu tief in den feuchten Sand gesunken sind, um aus eigener Kraft wieder herauszukommen. Ich versuche, jedes der vielen vorbeifahrenden Autos anzuhalten, doch niemand beachtet mich. „Warte, alle sind hungrig, jetzt wird niemand halten", höre ich Sharifs Stimme hinter mir.

Auch wir essen deshalb zunächst, und nach dem Iftar findet sich die männliche Dorfjugend von selbst beim eingesunkenen Bus, der Attraktion des Tages, ein. Nachdem drei Männer mit ihren Autos bei dem Versuch, uns herauszuziehen, scheitern, kommt die Polizei mit Stahlseil und Traktor. Doch erst müssen das Motorrad abgebaut und die Halterung abgeschraubt werden, zu schwer, vor allem bereits zu tief in den Sand eingesunken ist das Heck. Für die Stahlseilmiete hier, irgendwo hinter Adana und vor Iskanderun, müssen wir 30 Euro zahlen. Das Aus-dem-Sand-Ziehen wird freundlicherweise nicht berechnet oder scheint im Preis inbegriffen. Nach einigen Bechern Tee und Stunden des Schraubens im Taschenlampenlicht fahren wir in Richtung der türkisch-syrischen Grenze. Die Türken überprüfen nur kurz, ob wir die zu den Einträgen in unseren Pässen gehörenden Vehikel mit uns führen, und entlassen uns nach Arabien.

Kapitel 6

Syrien – 3100 Kilometer von Berlin

Endlich die Einfahrt nach Syrien! Ein großes Tor mit einem kleinen Fenster, an dem das Anliegen, nach Syrien einzureisen, vorgetragen werden muss, versperrt den Weg. Als es aufgeht, eröffnet sich ein unübersichtliches Gelände mit hunderten willkürlich parkenden LKWs, die tagelang auf die Kontrolle ihrer Güter warten müssen. Ein Grenzübertritt mit einem Auto wie dem unsrigen kann, je nach Laune und Verfügbarkeit der Beamten, ebenfalls dauern. Wir besitzen kein Carnet de Passage. Ein Carnet für unseren Bus zu beschaffen wäre eine Aufgabe des Außenministers gewesen. Kurz vor Reiseantritt hatte ich ihn darauf hingewiesen, dass wir zur Einreise in Syrien und für die Weiterreise in arabischen Ländern ein internationales Dokument, ausgestellt vom ADAC, benötigen. 3000 Euro hätten wir als Sicherheit in bar oder als Bankbürgschaft deponieren müssen. So soll dem Autoschmuggel vorgebeugt werden.

Da Sharif die Beschaffung dieses Dokuments als unnötigen Organisationskram abtat, versuchen wir es auf die orientalische Art. Mit zig Leuten Tee trinken, irgendjemandem Bakschisch geben. Sharif steigt aus dem Bus, mit den obligatorischen Papieren in der Hand. Ich sehe, wie der erste Syrer, mit dem er spricht, ihn an der Jacke packt. Er befühlt den Stoff. Die beiden Männer kommen schnell ins Geschäft: Sharif verkauft seine österreichische Armeejacke für 20 Euro an den Beamten. Ein in Syrien Wehrpflichtiger muss sich seine Dienstkleidung selbst kaufen, d. h. bei einem Militärschneider anfertigen lassen. Unser Beamter an der türkisch-syrischen Grenze verrichtet ab sofort seinen Dienst in österreichischer Winteruniform und ist nicht mehr auf die schlechte Isolation hiesiger Schneiderware angewiesen. Andere Vorgaben außer „Militärgrün, Militärschnitt" scheint es nicht zu geben, dementsprechend zusammengewürfelt wirkt denn auch das Erscheinungsbild der Armee – zumindest in der kalten Jahreszeit.

Zur Einreise muss der Tourist sein Auto verlassen und in einem großen, weißen Haus die überaus wichtige, ab jetzt bei jeder Bewegung in Syrien mit sich zu führende Blaue Karte ausfüllen. Auf der Karte müssen der Vorname des Vaters und der Mutter vermerkt werden und neben Geburtsort, Geburtsland und Staatsbürgerschaft auch die Herkunft der Familie explizit ausgewiesen sein. „Rico, da musst du ‚East-Germany' hinschreiben!" Sharif gibt ‚Jordanien' an und erklärt Rico liebevoll, was er in die Felder ‚Purpose of Travel' und ‚Destination in Syria' einzutragen hat. Dann gibt einer der durchweg Schnauzbart tragenden Grenzer, die unter großen Porträts des syrischen Schnauzbartträgers Nummer eins, des Präsidenten Baschar al-Assad, sitzen, unsere Namen in einen urigen Computer ein. Nach einigen Momenten flirren grüne arabische LCD-Zeichen auf einem schwarzen Bildschirm. Der Beamte notiert schief, mit Kugelschreiber, eine arabische Nummer auf der letzten Seite des Passes, verschreibt sich beim Abschreiben vom Monitor, krickelt herum, schreibt die Nummer neu. Zu „statistischen" Zwecken, wo sie doch schon die Einreisekarte und die stets bei uns zu führende „Gast-in-Syrien"-Karte, die wir bei der Ausreise wieder (zu statistischen Zwecken) abgeben müssen, von uns bekommen. Ich frage nach der Toilette, einem stinkenden Loch im Boden, und muss an meterlangen überquellenden Büroschränken vorbei. Ob hier nicht „Statistik" mit „Archiv" verwechselt wird?

Als ich ein wenig in dem riesigen leeren, leicht verfallenen weißgekachelten Empfangssaal umherspaziere und dabei schnelle kleine Fotos schieße, ertappt mich ein Grenzer, der hinter seinem viel zu hohen Schreibtisch allein hinter Glas sitzt. Zum Glück fragt er mich nur, ob er mich auch mit seiner Handykamera fotografieren dürfe. Natürlich bejahe ich, lieber so, als mir Ärger beim unerlaubten Fotografieren von Grenzanlagen einzuhandeln. Nach einer Organisationspause zwischen zwei und vier Uhr morgens, in der Sharif fünf Büros aufsuchen, vier auf ihren Diwanen schlummernde Grenzbeamte für Unterschriften wecken sowie 150 Euro („für die Einreise") zahlen muss, können wir endlich in Baschar al-Assads Syrische Arabische Republik einreisen. Das teilt uns zumindest das Schild am Schlagbaum auf Arabisch mit. Auf Englisch heißt es hingegen: „Willkommen in Ihrer Syrischen Arabischen Republik".

Ich freue mich auf meine Freundin Roula, die mir bisher in Damaskus alle Türen öffnete. Sie stellte mich im Untergrund operierenden Nonnen und Priestern vor, die versuchen, die Lebensumstände für Gläubige aller Konfessionen, auch der Ex-Pat-Gemeinde von Damaskus, zu verbessern. Ex Patriates, kurz Ex-Pats, nennen sich die dauerhaft im Ausland lebenden Europäer und Amerikaner, die sich, je nach beruflichen und privaten Interessen, in losen Netzwerken zusammenschließen.

Zu Sonnenaufgang rollen wir nach Arabien. Wir sind im Orient angekommen. Sharif und ich führen auf den ersten Kilometern der gut ausgebauten Überlandstraße nach Damaskus eine nervenzehrende Diskussion über die Bedeutung der Liebe in unserem Leben. Er versucht, sie auszuklammern, da er weiß, dass er eines Tages ohne sie heiraten muss. Sie, besonders ihre körperlichen Verlockungen, vorher zu genießen, wäre eine Sünde, die er sich als dreißigjähriger Muslim nicht mehr so einfach wie vielleicht noch vor zehn Jahren gestatten könne. Diese Einstellung lässt mich verzweifeln, macht mich wütend und traurig. Warum kann er nur kein normaler Mann sein, ein normaler Araber, der sich gestattet, eine West-Frau zu begehren, denke ich ob der mir bevorstehenden zahlreichen Anmachen auf den Straßen seiner Hemisphäre.

Nach der anstrengenden Nacht auf Tour und an der Grenze halten wir an einer Autobahnmoschee. Rico erträgt unsere zähe Diskussion nicht mehr und baut sein Iglu-Zelt freiwillig im Schatten der Moschee auf, hier ist es kühl und es gibt Waschmöglichkeiten. Zwar bestehen die hygienischen Einrichtungen wieder nur aus einem Loch im Boden, doch mit dem langen beiliegenden Schlauch lässt es sich improvisiert duschen. Wir sind irgendwo zwischen Antakya und Hama, 250 Kilometer vor Damaskus. Vor lauter Diskussion vergisst Sharif sogar sein Frühstück vor Sonnenaufgang. Erschöpft schlummern wir nach unserer großen Liebes-Diskussion nebeneinander ein, dabei hätte ich doch mein eigenes Bett im Mittelgang zur Verfügung.

Nach dem Aufwachen, nach Sharifs Gebet, beginnen wir unsere letzte gemeinsame Etappe. Wir passieren hübsche Moscheen und arme kleine Dörfer, ein paar Städtchen. Die Straßenränder auf der Route von Antakya nach Damaskus sind mit Plastiktüten und anderem Müll übersät. Die Landschaft ist im Norden des Landes noch mediterran, dem Hinterland der süditalienischen Küste vergleichbar. Neben Nadelbäumen und niedrigen Büschen wachsen noch einige Sträucher, doch jetzt, zum Ende des Sommers hin, sind viele Pflanzen schon verdorrt. Sie vermitteln einen Eindruck von der syrischen Steinwüste, die nur 180 Kilometer östlich der Küste beginnt und einen Großteil des Landes einnimmt. Auf der linken Fahrbahnseite weist ein Schild den direkten Weg nach Bagdad.

Nach einem langen Tag der Fahrt, natürlich mit pünktlichen Stopps an Autobahnmoscheen, erreichen wir Damaskus, die älteste durchgehend besiedelte Stadt der Welt. Mein Reisepartner ist längst in seiner Hemisphäre angekommen, meine habe ich seit der Türkei, vielleicht aber auch schon in Bulgarien, verabschiedet. In jeder direkt an der Autobahn liegenden Moschee findet mein Partner freundliche Glaubensbrüder, die begeistert davon sind, dass wir den ganzen Weg von Deutschland in solch einem alten Bus bestritten haben. Ich kleide mich gesittet, bleibe aber trotzdem im Bus, wenn er mit ihnen spricht. Seine vermeintliche Frömmigkeit wäre nichts mehr wert, würde ich als Reisepartnerin entdeckt – einfach nur, weil es unmöglich sein soll, dass sich Mann und Frau ohne den Teufel in einem Raum aufhalten. Seine Brüder beglückwünschen Sharif, dass er den Ramadan trotz der Strapazen der Reise durchhält. Er nimmt die Glückwünsche dankend an, doch ist es für ihn selbstverständlich, den Ramadan auch als Reisender zu leben. Nie würde er auf „das größte Geschenk Gottes", nämlich einen Monat lang seinen Glauben mit über einer Milliarde Glaubensgeschwistern zusammen zu festigen, verzichten. Auch wenn er mir nicht erklären kann, worin genau das Geschenk besteht. Denn im Gegensatz zum täglichen Gebet, das der Gläubige nur für sich selbst verrichtet, ist das Fasten nur für Allah, der, so viel zumindest steht geschrieben, für die Fastenden einen eigenen Eingang ins Paradies reserviert hat.

Ich frage Rico, wie er es findet, die Straßenschilder nicht mehr lesen zu können. „Also mich stört es nicht. Ich weiß ja eh nicht, wo ich bin, und muss auf euch vertrauen." „Moment, du scheinst da etwas nicht verstanden zu haben – wir fahren jetzt noch zusammen bis nach Damaskus, Sharif fährt weiter bis nach Amman, und wir werden uns in knapp eineinhalb Wochen in Beirut wieder treffen. Ab heute Abend hat jeder sozusagen Freizeit", erkläre ich Rico.

„Seid ihr irre? Ihr könnt mich da in Arabien, in Damaskus, doch nicht alleine lassen!" Sharif und ich kichern im Cockpit. „Rico, du weißt, ich muss zu meiner Familie, und Jasna muss ihrer Arbeit nachgehen. Da können wir leider keinen Klotz am Bein gebrauchen. Das interkulturelle Experiment wird für Ostdeutschland heute beendet. Du hattest genug Möglichkeiten, zuzuhören und etwas über die arabische Welt zu erfahren. Dein Englisch ist ja auch schon fast wieder auf Vordermann." Rico guckt entgeistert und will am liebsten zu uns nach vorne springen. „Das könnt ihr doch nicht machen!", ruft er, als Sharif Mitleid mit ihm bekommt. „Wenn du Jasna lieb bittest, organisiert sie dir eine billige Bleibe und eine Stadtführerin. Aber ich kann für nichts garantieren, das muss sie selbst entscheiden." – „Klar helfe ich dir, Rico. Du hast ja meine Funknummer und meine E-Mail-Adresse. Ohne Stadtplan lasse ich dich in Asch-Scham, so nennen die Damaszener ihre Stadt, sowieso nicht allein." Rico ist nur wenig beruhigt, doch was soll ich machen? Roula besteht darauf, dass ich bei ihr wohne, doch ihr Bruder gestattet ihr keinen männlichen Übernachtungsbesuch.

Das Iftar erledigen wir schnell und professionell. Wir liegen gut in der Zeit, ich präpariere den Salat auf dem Beifahrersitz, im Kühlschrank sind noch mindestens eineinhalb Kilo vorgekochtes Fleisch aus der Türkei. Wir essen auf der Yogamatte am Straßenrand. Rico schimpft auf die mit Müll übersäte mediterrane Ödnis: ob die Araber keine Mülltonnen kennen würden! Auch wenn Öl hier „auf den Bäumen wachse", sei das doch kein Grund, jeden erdenklichen Quadratzentimeter mit Erdöl-Müll bedecken zu müssen.

Langsam nimmt die durchfahrene Landschaft urbane Züge an. Arabische Werbeplakate, Leuchtreklamen und Moscheebeleuchtungen blinken bunt unter dem weiten Sternenhimmel.

Angekommen! Damaskus. Mit dem großen Bus in die chaotischen Verkehrsverhältnisse der syrischen Hauptstadt einzutauchen ist kein Vergnügen, doch zum Glück finde ich mich schnell zurecht und dirigiere uns in die Gegend, die Scharia Bahsa genannt wird. Hier werden wir meine Freundin Roula treffen. In diesem Viertel befinden sich viele Hotels und preiswerte Pensionen, in denen oft ganze Reisebusladungen schiitischer Pilger aus dem Iran absteigen, die ihre Heiligtümer in Damaskus besuchen. Große Gruppen von ganz in schwarze Tücher gehüllten schiitischen Frauen sieht man hier oft, „Fledermäuse" nennt meine syrische Freundin sie.

Sharif will die letzten Kilometer bis Amman noch in dieser Nacht zurückzulegen. Er würde mich „Ungläubige" niemals zu seiner Familie mitnehmen. Das eine Mal, dass er mich in Amman beherbergte, war die Familie in Deutschland, so dass wir das Haus für uns allein hatten. Jetzt, im Monat der familiären Besuchs- und Festschmauszeremonien, wo täglich hunderte Angehörige seines Clans zusammenkommen, sogar in eigens dafür gemieteten Festhäusern und Zelten, wäre es vollkommen undenkbar. Vor allem, da ihm in Jordanien niemand glauben würde, dass wir als Freunde und Kollegen, Mann und Frau, seit dem Start in Berlin rund um die Uhr zusammen sind, ohne eine unsittliche Beziehung miteinander zu führen.

Als Roula und ich uns in einem kleinen Café in der Scharia Bahsa treffen, ich hatte ihr eine SMS mit unserer Ankunftszeit geschickt, springt mir meine 1,60 Meter kleine Freundin in die Arme. Die herzlichste Umarmung seit einem Monat. Wie dankbar bin ich meiner christlichen Freundin für dieses Gefühl. Ich halte Roula ganz fest und vergrabe mein Gesicht in ihrem dichten schwarzen Haar. Wir schauen uns an und haben Freudentränen in den Augen. Dann schaut sie zur Seite, mustert Sharif von oben bis unten, hebt die linke Augenbraue und flüstert: „Wow! Das ist dein Araber? Der ist aber heiß ..."

Die beiden begrüßen sich auf Arabisch, wobei Roula, die nach einigen Sätzen des Hocharabischen stets in ihren Slang zurückzufallen pflegt, sich amüsiert und beeindruckt zeigt, als sie Sharif akzentfrei Qur'an-Arabisch sprechen hört – er versucht, die heilige Sprache ohne regionalen Dialekt zu sprechen. Diese Sprache kennt Roula nur aus den Nachrichten und von politischen Reden, selbst an der Universität wird Dialekt gesprochen. Sie gibt Sharif noch ein paar Tipps für die Weiterfahrt nach Amman. Wir schnallen mein Fahrrad vom Bus und nach einer geheimen, starken, zweiten Umarmung am heutigen Tag, die ich mit Sharif am Bus austausche, verabschiedet er sich hinter den Jordan. Als er mit unserem Dumbo in den dichten Verkehr eintaucht, spüre ich einen kleinen Stich Wehmut in meinem Herzen. Doch dann überwiegt die Freude über meine wiedererlangte Unabhängigkeit.

Rico hat die vereinzelten Wasserpfeifen im Café entdeckt und ist fasziniert, dass seine vage Vorstellung vom Mythos Orient greifbar wird. Ein Freund in Leipzig-Grimma besitzt eine Schischa, Rico kennt sie und will unbedingt seine erste Pfeife in Arabien rauchen. Da Roula und ich beschlossen haben, unser Wiedersehen gebührend zu feiern, und ich ob meiner wiedergewonnenen Freiheit bester Dinge bin, ist es uns eine Freude, ihn an seinem ersten Abend in Arabien auszuführen und ihn auf seine erste Schischa einzuladen.

Roula ist locker mit Ausländern in der schicksten Bar des Christenviertels verabredet: Kroaten, die in der Ölförderung, und Serben, die in der Botschaft arbeiten. Da die meisten syrischen Männer für ihr Verständnis zu patriarchalisch sind, zieht sie es vor, ihre Freizeit mit Ausländern zu verbringen. Doch zunächst mietet sich Rico mit Roulas Hilfe noch einen Schlafplatz auf der Dachterrasse des billigsten Hostels von Damaskus, für 1,50 Euro die Nacht. Als einzigen Luxus gibt es fließend heißes Wasser rund um die Uhr. Ich darf selbstverständlich nirgendwo anders als bei meiner Freundin nächtigen. Vor allem, da ich ausführlich von meinen Erlebnissen bei Mirko in Belgrad berichten muss. Sie hat ihren Freund seit seiner Abreise aus Syrien vor neun Monaten nicht mehr gesehen. Wir steigen ins Taxi und tauchen in den orientalischen Albtraum Damaskus ein.

Das neue Damaskus, das wir durchfahren, sieht aus wie eine unfertige Plattenbau-Großbaustelle. Bauruinen sind so allgegenwärtig wie Moscheen und die Bilder des Präsidenten. Dazwischen, in Seitenstraßen, finden sich Häuser, die seit Jahrhunderten auf Renovierung oder Restaurierung warten, an denen Strom- und Telefonkabel wie Schlingpflanzen herunterhängen. Der Autoverkehr ist so dramatisch, dass Fußgänger die meisten Hauptstraßen auf Überführungsbrücken überqueren müssen. Im Stau beobachten wir aus dem Taxi heraus den Menschenstau über uns. Die Überführungen dienen Kindern als Arbeitsplatz. Mit alten Waagen hocken sie dort, hoch über der katalysatorfreien Blechkarawane, und bieten die Messung des Körpergewichts oder einzelne Zigaretten gegen Bruchteile von Cents an. Unten, entlang der überlasteten Straßen, drängen sich Handy-Geschäfte, Kopftuchläden, Internetcafés, Saftbars, Schneider, Schmiede und Bäcker, aber keine Supermärkte. Hier gibt es nur inhabergeführte Gemischtwarenlädchen. Und überall – an allen offiziellen Gebäuden, an Fußgängerbrücken, in vielen Geschäften – hängen Poster, Plakate oder Gemälde des Staatsführers Baschar al-Assad oder seines Vaters, Hafiz. Auch auf Fensterscheiben, an Bussen und Autos kleben ihre schemenhaften Porträts.

Doch die Stadt ist auch von einer historisch dichten Atmosphäre erfüllt, die überdies durch das Geschehen auf den zahlreichen Suqs ständig wieder aufgeladen wird. Frauen mit den verschiedensten Kleidungsstilen – sei es in kniekurzem Rock, mit Dauerwelle und Make-up oder in Schleier und langen, weiten Kleidern – gehen mit ihren Kindern und anderen Frauen der Familie auf die Märkte, um für den täglichen Bedarf einzukaufen. Natürlich nicht, ohne energisch zu handeln.

Rico, gewohnt an deutsche Fußgängerzonen, ist von den Märkten rund um die Altstadt verwirrt. Es gibt eine duftende Back- und Süßwarenstraße, eine schmutzige Auto-Ersatzteil- und eine Heimwerkerstraße, in der auch mit Holz zu befeuernde Heißwasserbereiter, Kupferschmiedearbeiten und allerlei elektrische Geräte verkauft werden. Zu deutlich höheren Preisen als in Deutschland. Hier wird, wie überall in der arabischen Welt, nicht geblinkt, hier sprechen die Autos miteinander. Fünf Mal am Tag mischen sich die kakophonischen Gebetsrufe in die nur freitagvormittags versiegenden Hupkonzerte. Gerade wieder tönen die Muezzine aus zahlreichen Boxen.

Laut ist es in Damaskus: Männer haben hier auf den Straßen allerlei miteinander zu beschreien. Und sei es auch nur der Preis für die hierzulande gerne mit Schale gegessenen unreif-bitteren Mandeln. Neben raubkopierten aktuellen US-Filmen und CDs kann man auf den alten Gemischtwarenmärkten allerlei Befremdliches für den täglichen Bedarf erwerben: lebende Schlangen, Schafshirne, Kalbshirne und -hoden, essbare Frösche, Hühner und Singvögel. Ganze Haie hängen tagelang enthäutet an offenen Fischverkäuferbuden, und manch eine Hühnerverkaufsstelle hält sich einen bekappten Falken als Blickfang. Doch gibt es nicht nur Skurriles, auch ein Stück des duftenden Orients kann noch gefunden werden. Seit den Zeiten der Seidenstraße werden unendlich viele farbenprächtige Gewürze, getrocknete Blumen, Nüsse und geröstete Kerne in offenen Säcken an jeder Ecke dargeboten. Dann und wann sieht man ein Eselchen einen vollgepackten Karren ziehen. Doch meist sind es Männer, die einen ganzen Schuh- oder Spielzeugladen auf einem kunstfertig zum Lastentransporter umgebauten Fahrrad durch die Stadt ziehen. Ein großes Geschäft sind auch gefälschte Markenprodukte. Manchmal können sich, so scheint es, die Markenpiraten nicht entscheiden, welches Label sie denn nun imitieren wollen. So gibt es für ein paar Euro Jeans und Schuhe minderer Qualität, auf die „Puma Armani Reebok" gleichzeitig gedruckt ist.

Wir erreichen Bab Touma, das alte Christenviertel. Ich freue mich, wir treffen Slavomir und Dusko im „Domino". Auf der herzlichen, syrisch-kroatisch-serbischen Willkommensparty werde ich mir durch die gemeinen Witze, die sie über den Ramadan und die Muslime reißen, endlich wieder meiner deutschen Identität bewusst. Ich empfinde, dass meine jugoslawischen Landsmänner bei ihren derben Scherzen muslimische, religiöse Gefühle verletzen. Lebe ich mental schon im Islam? frage ich mich für den Bruchteil einer Sekunde. Oder bin ich als Deutsche einfach zu sehr auf politische Korrektheit getrimmt, die dem interkulturellen – schwarzen – Humor den Atem nimmt, und das nicht erst seit den Prophetenkarikaturen? Es wirkt befreiend, über die Scherze der Balkanmänner zu lachen, doch keinen ihrer Witze würde ich mich je trauen, selbst zu erzählen.

Wir verleben einen schönen Abend, ich fühle mich ausgelassen und frei wie seit langem nicht mehr. Einen Teil des Weges zu Roulas Wohnung durch die verwinkelten Gassen Bab Toumas legen wir später zu Fuß zurück. Rico lernt derweil, alleine in Arabien Taxi zu fahren.

Roula wohnt im Stadtteil Dscharamana. Sie ist 24 und kommt aus einer angesehenen, politisch aktiven Familie. Deren Mitglieder sind geteilt in eine christliche und eine schiitische Hälfte; sie haben in der arabischen Welt einen großen Namen. Roulica, wie ich sie in der kroatischen Verkleinerungsform gerne nenne, wuchs als Tochter eines christlichen Bauunternehmers und einer Grundschullehrerin zunächst in

Kuwait auf. Als sie zehn war, zog die Familie nach Kanada. Zwei Jahre später ging sie zurück nach Syrien. Roula hatte im Westen zu viel freiheitliche Luft geschnuppert, als dass sie sich jemals in die arabische Frauenrolle hätte fügen können. Und das, obwohl sie jeden Tag in der Bibel las und glaubte, dass eine Frau im Moment der kirchlichen Hochzeit durch die Ankunft einer Taube schwanger werden würde. Mit 16 starb ihre Mutter nach fünf Jahren schwerer Krankheit, und es war nun an Roula, ihre vier jüngeren Geschwister zu erziehen. Obwohl sie nach Kräften versuchte, besonders den drei Brüdern den Gedanken der Gleichheit von Mann und Frau zu vermitteln, entwickelten sich ihre Brüder zu Machos. Nur beim jüngsten, der noch mit Vater und Stiefmutter auf dem Land lebt, hegt sie ein wenig Hoffnung.

Nun studiert sie Englisch und Spanisch und lässt sich schon lange weder von ihrem Vater noch von ihren Brüdern oder Freunden etwas vorschreiben. Nebenher unterrichtet sie unentgeltlich palästinensische Flüchtlingskinder. Unter ihnen sind viele minderjährige Prostituierte, die fast alle Opfer von familiärem sexuellem Missbrauch wurden, bevor sie begannen, ihre Körper für ein paar Euro zu verkaufen. Ein französisches Kloster kümmert sich um die Resozialisierung. Unter strengster Geheimhaltung werden die Mädchen nachmittags in der Schule des Klosters unterrichtet, in Alphabetisierungs- und Berufsbildungskursen auf ein Leben nach der Prostitution vorbereitet. Das älteste Gewerbe der Welt ist in einer der ältesten Städte der Welt zwar zu finden, in leicht auffindbaren „Night Clubs", in Hotels, Discos, Vororten, aber staatlich derart tabuisiert, dass die Mädchen, würden sie erwischt, ebenso wie die Freier mit Gefängnisstrafen rechnen müssten. Für viele der jungen Frauen ist es der erste Schulbesuch in ihrem Leben, für andere der erste seit Jahren. Neben der schulischen Grundausbildung kümmern sich die Nonnen des Klosters darum, Ausbildungsplätze für die aussteigewilligen Prostituierten zu organisieren. So schaffen es die rund achtzig im Kloster betreuten Mädchen nach durchschnittlich drei Jahren, aus dem Nachtleben in eine bodenständige Branche wie z. B. in die Schneiderei oder das Goldschmiedehandwerk zu wechseln. Ein ambitioniertes Projekt, doch die Ankunft von über einer Million irakischer Flüchtlinge in Syrien, deren Töchter nicht selten in die illegale, verleugnete Prostitution getrieben werden, lässt die Hoffnung auf Besserung der Zustände schwinden.

Ich hatte Roula bei meinem letzten Besuch in Damaskus kennengelernt, als sie mit ihrem serbischen Freund Mirko eine WG in einem jahrhundertealten Haus in der Altstadt führte. Sie mietete das Haus mit fließend kaltem Wasser und vermietete Zimmer an Ausländer, die meist zum Sprachstudium länger in Damaskus blieben. Da sie unverheiratet mit bis zu vier Männern in einem Haus lebte, war das Unterfangen höchst gefährlich. Ihr Vater wusste, dass sie und ihr Freund zusammen lebten. Im selben Haus. Vom gemeinsamen Schlafzimmer wusste er nichts. Und er kannte seine Tochter: er wusste, dass weder Verbote noch Geschrei oder die Streichung von Unterhaltszahlungen sie dazu bewegen würden, von ihrem aktuellen Lebensentwurf abzurücken, und ließ sie gewähren. Obwohl sie sich damit der Gefahr aussetzte, jederzeit von den Nachbarn an die „Schurta Achlaqia", die „Moralpolizei", verraten und auf unbestimmte Zeit wegen vermeintlicher Prostitution ins Gefängnis gesperrt zu werden. Die Moralpolizei kann jederzeit gerufen werden, so der Verdacht auf unsittliches Treiben oder Prostitution besteht.
   Ihr Freund musste wegen anstehender Universitätsprüfungen zurück nach Belgrad, und nun lebt sie mit ihrem vier Jahre jüngeren Bruder Amdschad, der mit mäßigem Erfolg Wirt-

schaft studiert, in einem Apartment in Damaskus. Direkt an der Eingangstür hat der 18-Jährige ein Foto von sich in Muskelhemd und enger Jeans aufgehängt, damit „Roulas Freundinnen sich gleich in mich verlieben können", wie er keineswegs selbstironisch erklärt. Kommt Roula nachts nach Hause, so beginnt ihr Bruder, der seine Zeit außerhalb der Universität mit seinen Freunden auf der Straße, beim Bodybuilding und vor dem Fernseher verbringt, ihr Herumstreunen und unsittliches Verhalten vorzuwerfen. Ich nehme einen ihrer nächtlichen Streits auf Band auf, um ihn später mit meinen Arabistik-Kommilitonen als Übung zu übersetzen. Der aktuelle nächtliche Streit liest sich in deutscher Übersetzung folgendermaßen:

Amdschad: „Was kommst du erst jetzt nach Hause, wo warst du, mit wem? Ich werde Vater sagen, wie du dich herumtreibst."

Roula: „Was willst du mir vorschreiben, ich habe dir zeit meines Lebens Frühstück gemacht, dich zur Schule gebracht, dir bei deinen Hausaufgaben geholfen, und nun sagst du mir, was ich tun und was ich lassen soll? Ich habe eine Seele und Wünsche, du hast eine Seele und Wünsche, also lass uns versuchen, diese so gut wie möglich zu vereinbaren und zu erreichen."

Amdschad: „Das ist mir egal, ich bin jetzt ein Mann, du bist eine Frau, und durch dein Fehlverhalten setzt du den guten Ruf der Familie aufs Spiel!"

Roula antwortet frech: „Ob ich denn unserem Vater auch sagen soll, dass du unser Essensgeld für die letzte Woche mit deinen Freunden in nur einer Nacht in den Bars durchgebracht hast? Nein, ich werde es nicht tun, denn wir Geschwister müssen zusammenhalten! Und schließlich verdiene ich mein Geld selber."

Roula arbeitet für ein Marktforschungsinstitut in Dubai, das in Syrien im Auftrag von US-Firmen Produkttests für den arabischen Markt durchführen lässt. Sie transkribiert und übersetzt für ein paar hundert Lira pro Tag, knapp zehn Euro, stundenlange Diskussionen syrischer Frauen über Testprodukte mühsam ins Englische. Sie arbeitet mit Computern, die sie sich in Ermangelung eines eigenen von Freunden, meist Ausländern, die in Damaskus Arabisch studieren, ausleihen muss. Mit dem aktuellen Microsoft-Office-Paket ist sie so vertraut wie eine gute deutsche Sekretärin, wohingegen ihr Bruder, der nur Arabisch in syrischem Dialekt spricht, nicht einmal das Internet zu nutzen weiß.

Doch die nächtliche Diskussion ist noch nicht beendet.

Amdschad: „Du bist von Europäern beeinflusst! Du weißt, dass arabische Frauen sich nicht herumtreiben sollen. Du sollst dich ums Haus kümmern und nicht arbeiten."

Roula: „Woher hast du denn diese Idee? Denk doch mal drüber nach, ob das tatsächlich deine Meinung ist, oder ob du sie von deinen Freunden aus dem Sportstudio aufgeschnappt hast. Damals, als es noch keinen Strom, sondern nur harte Arbeit auf dem Feld gab, mag das ja gestimmt haben. Aber wir leben in einer Gesellschaft im Umbruch, ich gehe zur Universität, kann mit Computern umgehen und spreche drei Sprachen – ich kann sehr wohl arbeiten und gutes Geld verdienen, von dem auch du profitierst. Und ich kann es auch nachts mit meinen europäischen Freundinnen ausgeben, das geht dich überhaupt nichts an. Schau auch du nach Europa, von dort kommen die Computer, und dort hat man diese dummen Geschlechterprobleme längst beiseitegelegt!"

Amdschad: „Das hier ist nicht Europa, das weißt du genau, und Computer sind von Europa für Europa! Das hier ist immer noch ein arabisches Land. Schweig, Schwester!"

Roula: „Wie, und du willst mir erzählen, dass du nicht gerne europäische Jeans und Mobiltelefone haben würdest, weil sie einfach besser als die arabischen sind?"

Amdschad: „Ja, aber die Leute verstehen das – dich jedoch nicht!"

Roula: „Jeder lebt für sich selbst, nicht für die Leute, verdammt!" Amdschad geht daraufhin still in sein Zimmer.

Als ihr Bruder das Zimmer verlässt, ist sie außer sich: Die Geschichten strömen nur so aus ihr heraus. Roula will mir klarmachen, wie sehr die syrischen Männer, selbst die studierten, hinter dem Mond zu leben scheinen. Sie erzählt, wie sie mit 23 das erste Mal zum Frauenarzt gegangen sei. Er habe sie untersucht und, als er feststellte, dass sie keine Jungfrau mehr war, gefragt, ob sie denn eine Wiederherstellung des Hymens wünsche. Sie verneinte, denn sie habe einen Freund, den sie liebe. Der Gynäkologe, der sein Praxisschild damit schmückte, in Frankreich studiert zu haben, schaute sie verständnislos an und fragte verächtlich: „Du hast wohl in Europa gelebt, was?", und wiederholte sein Angebot für den Fall, dass sie doch einen Syrer heiraten werde und „unbefleckt" vor den Altar treten wolle.

Am nächsten Tag gehen Roula und ich in ein Hamam und geben uns unter schwierigen hygienischen Bedingungen der hiesigen Wellness hin. Dann flanieren wir durch das historische Christenviertel, das größte Syriens. Ein Großteil der syrischen Christen, die rund 15 Prozent der Bevölkerung ausmachen, lebt hier. Die Straßen sind sehr schmal, gebaut für Eselskarren, und zum Glück trauen sich nur sehr wenige, mit dem Auto in das verwirrende Sträßchennetz einzutauchen. Eine Zeitreise. Das alte Damaskus scheint in ewig während dem Dornröschenschlaf durch die Jahrhunderte zu dämmern.

Geht man in einen beliebigen Hauseingang, eröffnen sich ständig neue Gassen, in denen vom Einsturz bedrohte Häuser mühsam zu bewirtschaftenden Lebensraum für vom Staat vernachlässigte Bürger bieten. Vor einigen Jahrzehnten, bevor die

Luftverschmutzung in Damaskus höher ausfiel als im restlichen östlichen Mittelmeerraum, muss es auch pittoresk gewesen sein. Romantisch, oder auch märchenhaft und geheimnisvoll, wirkte es noch bei meinem ersten Besuch – nun, beim vierten Mal, finde ich die Umstände traurig, vor allem, weil ich die Lebensbedingungen in einigen dieser unrestaurierten Häuschen kennenlernen durfte. Doch nicht selten verbergen sich hinter den Türen der grauen, verfallenen Fassaden wunderschöne Kirchen und Klöster aller christlicher Glaubensrichtungen: syrisch- und griechisch-orthodox, armenisch, griechisch-katholisch, syrisch-katholisch, maronitisch, diverse protestantische Kirchen und natürlich zahllose Orden.

Auch hier müssten Präsidentenbilder hängen, aber die Franziskaner etwa haben ihres, zugunsten zweier großer Papstbilder, einfach in die Ecke gehängt. Die Kirchen bewältigen aktiv, meist durch internationale Spendengelder, Aufgaben, die, so möchte man meinen, eigentlich der sozialistische Staat übernehmen müsste. Oder Bürgerinitiativen, die es aber nicht geben darf, da die über zehn syrischen Geheimdienste derart engagiert arbeiten, dass sogar Internet-Benutzer für das Surfen auf staatlich nicht legitimierten Seiten – so sie denn überhaupt in Syrien aufrufbar sind – schnell im Gefängnis landen. Für die politische oder auch soziale Arbeit in diesem Land wird höchste Verschwiegenheit vorausgesetzt.

Die Klostervorsteherin Maria besuche ich am nächsten Tag. Sie leitet hier in Bab Touma das Kloster des französischen Ordens „Les Filles de la Charité de Saint Vincent de Paul" und ist erst bereit, mir ihre Situation offen zu schildern, als ich ihr von den Schwierigkeiten erzähle, als offiziell angemeldete Journalistin in Syrien zu arbeiten, und ihr auch von meiner Angst berichte, die ich nach Veröffentlichungen über die russischen Prostituierten in Damaskus bei der Wiedereinreise hatte. Diese Frauen müssen in einer Schattenwelt des

Systems unter unmenschlichen Bedingungen arbeiten und leben.

Schwester Maria, eine fröhliche, rundliche Nonne aus dem Libanon, leitet das Damaszener Kloster erst seit wenigen Monaten, hatte aber schon mehrfach Besuch von den, wie sie augenzwinkernd politisch korrekt sagt, „hervorragend arbeitenden" Sicherheitsdiensten des Systems al-Assad. Gleich in ihrer ersten Arbeitswoche seien zwei gut frisierte Männer in Anzügen zu ihr gekommen, um sie darüber zu informieren, dass sie „immer Hilfe finden würde", falls etwas einmal „nicht planmäßig" vonstattengehe, oder auch für den Fall, dass sie „auffällige" Personen in ihrem Konvent oder in einer der beiden angegliederten Schulen bemerken sollte. Nachts wird das Kloster von Männern in zivil „beschützt". Und das, obwohl die eine Schule, direkt im Klostergebäude, ohnehin unter staatlicher Leitung steht, da sie in den 1970er Jahren einfach annektiert wurde. Das Bild des Heiligen Vaters wurde durch ein Foto des Vaters von Baschar, Hafiz al-Assad, ersetzt. In der anderen Schule lernen an die dreihundert Kinder, Jungen und Mädchen gemeinsam, die christlichen Werte und studieren Arabisch, Französisch und die Bibel, doch geschichtlicher Unterricht findet nur staatskonform statt, politischer gar nicht. „Der Präsident schätzt die Christen und unsere Bildungsarbeit. Die staatlichen Schulen kommen doch gar nicht hinterher, so viele Kinder wie die Muslime haben. Um Erziehung kümmern die sich meiner Erfahrung nach nicht so sehr wie die Christen, die sich oft sogar Geld für den Schulbesuch ihrer zwei, drei Kinder leihen müssen. In den muslimischen Familien wird ein Kind von älteren Geschwistern erzogen, und das Wichtigste scheint, dass die Kinder Beten, Fasten und den Koran lernen. Und es gibt so viele von ihnen! Haben Sie die aktuellen Statistiken gelesen? Wenn das so weitergeht, gibt es in fünfzig Jahren nur noch Muslime auf dem Planeten!" Schwester Maria wendet sich ihrem Computer zu. Auf dem PC ist das Bild einer strahlenumringten Mutter Gottes als Bildschirmschoner installiert. Sie sucht die E-Mail mit der Statistik. „Ich weiß nicht, wie das weitergehen soll. Ich kann mich hier nur um das Wohlergehen meiner Schwestern und unserer Schüler kümmern. Haben Sie schon das Gerücht – ich sage ausdrücklich: das Gerücht – gehört, warum so viele Mädchen hier wieder zum Kopftuch greifen? Ich habe gehört – aber wirklich nur als Gerücht –, dass das saudische Religionsministerium jeder Familie, deren Frauen Kopftücher tragen, monatlich 300 Dollar gibt." Dieses Gerücht hatte ich noch nicht gehört, Sharif bestätigte später zumindest, dass er es sich gut vorstellen könne.

Während Rico exotische Urlaubstage genießt und Damaskus mit dem Fahrrad erkundet, hat Sharif in Amman ganz andere Probleme zu bewältigen, wie er per E-Mail berichtet: Ständig würden seine Verwandten ihn mit heiratswilligen Mädchen verkuppeln wollen, der jordanische Zoll verlange 1000 Euro für die Einreise unseres Busses. Zudem habe neben einer Million irakischer Flüchtlinge, die das Leben in Amman nicht gerade erleichterten, der Anti-Terror-Kampf Jordanien erreicht. Viele seiner deutsch-jordanischen Bekannten hätten bereits stundenlange, unangenehme Verhöre aufgrund von unbegründeten Vermutungen der Geheimdienste hinter sich. Und: Er scheint mich als Freundin für den europäischen Teil seiner Seele zu vermissen, er entschuldigt sich schriftlich dafür, dass er mich nicht zu seiner Familie einladen kann. Das war mir klar – trotzdem freut mich diese kleine Aufmerksamkeit.

Es beginnt zu regnen und hört drei Tage nicht mehr auf. Der Stadtteil, in dem Roulas Apartment liegt, versinkt mangels Kanalisation im Schlamm. „Ich muss dir doch etwas bieten, sonst erzählst du deinen Freunden in Deutschland, dass Arabien tatsächlich im Dreck versinkt. Du hast eine anstrengende Reise hinter dir, jetzt erholen wir uns in der Ruhe eines abgeschiedenen Klosters!" Meine Freundin schlägt vor, das 1058 gegründete Kloster Deir Mar Musa zu besuchen, das rund anderthalb Stunden nördlich der Hauptstadt liegt.

Vor etwa 1500 Jahren zog sich an dieser Stelle, etwa achtzig Kilometer nördlich von Damaskus, am Eingang einer beeindruckenden Felsenschlucht mit weitem Ausblick über die syrische Wüstensteppe, ein abessinischer Fürst namens Moses in eine der zahlreichen kleinen Höhlen zurück. Das kurz nach seinem Tod gegründete Kloster machte es sich zur Aufgabe, den Pilgern auf ihrem Weg ins Heilige Land Unterkunft und Verpflegung zu bieten. Diese Tradition hat sich bis heute gehalten, auch wenn einige Individualreisende und Studenten den Ausflug ins Kloster eher als einen die Reisekasse sanierenden bzw. erholsamen Berg-Wüsten-Trip mit kostenloser Übernachtungsmöglichkeit sehen.

Einen freien Raum bietet es natürlich auch jungen syrischen Christinnen und Christen, aber ebenfalls Muslimen, da diese eher die Genehmigung für einen Besuch im Kloster als für einen Ausflug mit Freunden aufs Land bekommen. Das elterliche Vertrauen ist berechtigt: Das Frauen- und das Männerschlafhaus stehen rund hundert Meter voneinander entfernt, ab 22 Uhr muss die Nachtruhe eingehalten werden. Sie wird streng kontrolliert.

Heute ist Deir Mar Musa eine ökumenische Begegnungsstätte, an der Christen und Muslime miteinander in Dialog treten, aber auch Gläubige und Atheisten. Natürlich kommen auch Neugierige nach Mar Musa, täglich fahren Busladungen von Schulklassen, Ausflüglern, Pilgern, Reisenden und Kulturtouristen in die Einöde, absolvieren die zwanzig bis dreißig Minuten des steilen Aufstiegs und genießen den Blick über die je nach Tageszeit wechselnd farbige Steinwüste.

Der Abt des Klosters, der Italiener Paolo dall'Oglio, setzt sich unermüdlich für den christlich-muslimischen Dialog ein. Er selbst verließ Anfang der 1980er Jahre Italien, das Land der katholischen Pracht, um in Syrien, dem Land der christlichen Askese, seine Berufung zu finden: den Aufbau des damals vollkommen verfallenen Klosters Mar Musa, das von jeder Menschenseele verlassen vor sich hindämmerte, seit es die Mönche im 17. Jahrhundert aufgegeben hatten. Die Wiederbelebung der Einsiedelei wurde zu seinem Lebenswerk – und die klassischen Mönchsprinzipien von Gebet (Salat) und Arbeit ('Amal) erweiterte er um die zutiefst arabischen Elemente der Gastfreundschaft (Dayafa) und des Dialogs (Hiwar).

Deir Mar Musa ist ein einzigartiger Ort, an dem Männer und Frauen, Christen unterschiedlicher Konfessionen im Geiste dieses Mönchstums das Leben miteinander teilen – und dazu noch zahlreiche nichtchristliche Gäste in das Gemeinschaftsleben integrieren. Manche von ihnen bleiben weit länger als zwölf Monate. Das Klosterleben folgt einfachen, strengen Regeln. Männer und Frauen dürfen keine Wanderungen alleine unternehmen und nach Einbruch der Dunkelheit keine Orte außerhalb des Klosters aufsuchen. Körperkontakt, Lärmen und Rauchen ist unerwünscht. Wer das einstündige Morgengebet um sieben Uhr nicht wahrnehmen möchte, wird – durchaus auch in schärferem Ton – aufgefordert, das Geschirr vom Abendessen zuvor abzuwaschen, Schlafräume zu putzen, Oliven zu ernten, Aprikosen einzukochen oder andere Feld- und Küchenarbeiten zu erledigen.

Man betritt Deir Mar Musa durch ein knapp ein Meter hohes Loch an der Rückwand des Hauptgebäudes. Über dem Eingangsloch hängt ein Schild, welches vor Diebstahl warnt und den Gast ermahnt, seinen Pass nicht unbeaufsichtigt zu lassen. Zu oft ist es schon vorgekommen, dass abgebrannte Traveller mit proportional zum Kontostand schwindender Moral die Zeit bis zu ihrem Rückflug ohne Geld im Kloster verbrachten und sich mit hier gestohlenen Pässen später noch ein Taschengeld verdienten. Vorsicht ist geboten, denn wirklich jeder bekommt hier ein Bett mit sauberer Wäsche, ist eingeladen zu drei einfachen Mahlzeiten täglich. Im Gegenzug wird vom Besucher erwartet, an den Gebeten in der uralten Klosterkirche teilzunehmen und sich im Idealfall mit theologischer Literatur zu beschäftigen, die in der mehrsprachigen Klosterbibliothek zu entleihen ist.

Wir erreichen das Kloster nach einstündiger Fahrt über Wüstenstraßen und -pfade und erklimmen den Berg, auf dem es gebaut wurde, rechtzeitig zum Mittagessen, das just, als wir eintreffen, von einigen der insgesamt acht Mönche gesegnet wird. Wir werden aufgefordert, uns zu setzen, und genießen den weiten Blick, die klare Luft und die Ruhe, wobei Letztere nur für den Moment der Segnung des Essens andauert. Zwei beseelt oder vielleicht auch spirituell entrückt wirkende ausländische Frauen sitzen an unserem Tisch auf der Terrasse unter dem Frauenschlafhaus. Dazu gesellen sich lärmende junge Bauarbeiter aus den umliegenden Dörfern, die am Ausbau des Klosters arbeiten. Pater Paolo, der sich ganz dem Wiederaufbau der heiligen Stätte und der ökumenischen und ökologischen Arbeit verschrieben hat, ist zurzeit in Rom. Die Arbeiter brüllen so laut durchs Tal, dass die ältere Engländerin, die seit einigen Jahren regelmäßig wiederkommt und „soziale Gruppenarbeit" im Kloster zu koordinieren versucht, die Angestellten zum Respekt vor dem Ort ermahnen muss.

Die eine der beiden Frauen an unserem niedrigen Plastiktisch, Antoinette, Mitte dreißig, steht kurz vor ihrer Rückkehr nach Frankreich. Sie hat die trockene, durchschimmernde Haut einer Vegetarierin, die aus Prinzip keine Kosmetik benutzt, und spricht nur sehr leise, immerzu lächelnd. Seit zwei Jahren lebt sie mit kurzen Unterbrechungen in Mar Musa und versucht, durch Bibel- und Arabisch-Studium ihre Beziehung zu Gott zu stärken und auch anderen dabei behilflich zu sein. Nun, nach zwei Jahren, hat sie ein Jahr Zeit bekommen, um sich zu entscheiden, ob sie in Mar Musa Nonne werden will. In Frankreich, so hofft sie, wird sie sich bald darüber klar werden, ob sie ihr Leben ganz im Zeichen des Herrn, in diesem 1300 Meter über dem Meeresspiegel in der syrischen Steinwüste liegenden Exil verbringen will.

Die andere Frau, Jeannie, ist Anfang zwanzig, ebenfalls sehr schmal, aber eher drahtig und energisch. Sie ist Kalifornierin mit philippinischen Wurzeln und ebenfalls seit knapp zwei Jahren stark im Kloster engagiert. Auch Jeannie hofft, durch das Praktizieren der ur-christlichen Riten auf Arabisch und die entbehrungsreiche Lebensweise näher zu Gott zu finden, den sie in Amerika verloren zu haben scheint. Meine Gefühle für diese Frauen changieren zwischen bewundernder Sympathie und Verständnislosigkeit angesichts der gesellschaftlichen und sozialen Probleme in Syrien, die mit engagierten westlichen Frauen, würden die sich nicht in eine jahrtausendealte Lebensweise zurückziehen, sicherlich ein wenig gelindert werden könnten. Doch schließlich ist es ihre Entscheidung, und ich will gar nicht bestreiten, dass die älteren Europäerinnen, die das Kloster dann und wann bevölkern, ihren Beitrag nicht nur zum Dialog der Religionen, sondern auch zum Miteinander der Gemeinschaft leisten.

Roula, die schon seit einigen Jahren immer wieder in Mar Musa weilt und stets ehrenamtlich Computerarbeiten erledigt, wünscht, sie könnte es sich auch leisten, einfach ein Jahr ins Exil zu gehen und ihre Probleme, die ihrer Familie, ihrer Freundinnen und ihres Landes zu vergessen. Nur um mit dem Schöpfer in Dialog treten zu können. Doch warum man Gott nur durch ein hartes, entbehrungsreiches Leben mit kaltem Wasser näherkommen kann, versteht sie nicht. Was für die –

aus Roulas Sicht verwöhnten – Westlerinnen exotisches, spirituell und historisch aufgeladenes „einfaches Leben" ist, ist für Roula und die meisten Syrer normaler Alltag, den es immer weiter zu modernisieren, zu verbessern und zu demokratisieren gilt. Der Lebensform im Kloster kann sie kaum etwas abgewinnen, schließlich wuchs sie in dem Bewusstsein auf, dass die christliche Kultur das Wissen über Jahrhunderte sammelte und vorantrieb. Deshalb ist es ihr unverständlich, dass das archaische Leben hier besonders von den „Ursprünglichkeit" suchenden Westlern geliebt wird.

Wenn die Sonne jetzt, im Herbst, schon gegen 17 Uhr untergeht, fällt eine tiefe Dunkelheit über die Ebene, nur noch einige Funzeln spenden dank des Stromaggregats bis zur Nachtruhe gegen 22 Uhr schwaches Licht. Der orientalische Sternenhimmel, der in Damaskus aufgrund der Luftverschmutzung fast nie sichtbar ist, entfaltet sich in schönster Pracht.

Nach drei Gongschlägen im Dunkeln füllt sich die Gebetsstätte, eine kleine, durch Kerzen erleuchtete Kirche, geschmückt mit antiken Fresken, mit zahlreichen Gläubigen. Antoinette erscheint als eine der Ersten und nimmt einen der vorderen Plätze in der mit Teppichen und Schaffellen ausgelegten, höhlenartigen Kirche ein. Sie hält die arabische Bibel auf den Knien und trägt ein leichtes Kopftuch. Wer mit den Letzten zur einstündigen Meditation und zum zweistündigen Abendgebet dazustößt, muss sich seinen Weg durch einen Berg von Schuhen bahnen, denn die Gläubigen betreten die heilige Stätte barfuß. Die betenden Frauen halten ihr Haar mit einem Schleier bedeckt, während die Mönche schlichte Dschalabiyas tragen. Hauptbestandteil des Gebets ist die Rezitation aus der Bibel: Die Mönche stimmen in einen mystischen, schwebenden Singsang auf Hocharabisch ein. Die

Gläubigen knien ehrfürchtig murmelnd auf dem einst prächtigen Teppich und werfen sich von Zeit zu Zeit nieder – vor Gott, dem Barmherzigen, den sie, wie die Muslime, Allah nennen. Versammelte sich diese Gemeinde nicht unter dem Zeichen des Kreuzes und verteilte der Priester gegen Ende der Liturgie nicht Brot und Wein, könnte man den Eindruck bekommen, eine Moschee betreten zu haben.

„Ihr sollt aber wissen, dass Christus das Haupt des Mannes ist, der Mann das Haupt der Frau und Gott das Haupt Christi. Wenn ein Mann betet oder prophetisch redet und dabei sein Haupt bedeckt hat, entehrt er sein Haupt. Eine Frau aber entehrt ihr Haupt, wenn sie betet oder prophetisch redet und dabei ihr Haupt nicht verhüllt." Den letzten Teil, in dem erklärt wird, dass der Brauch, die Frauen zu verschleiern, im Christentum unüblich ist, wird nicht vorgetragen: „Wenn aber einer meint, er müsse darüber streiten: Wir und auch die Gemeinde Gottes kennen einen solchen Brauch nicht."

Nach der Predigt, in der von den arabischsprachigen Gottesdienstteilnehmern ein Teil des ersten Briefes von Paulus an die Korinther verlesen wurde, stellt ein Mönch die Frage, wie wir das gerade Gehörte verstehen können. Antoinette übersetzt ins Englische und fragt die Frauen in der Runde, was sie von der Betonung der Unterschiedlichkeit zwischen Mann und Frau denken. Plötzlich höre ich Roulas Stimme laut und auf mühsam konstruiertem Hocharabisch sprechen: „Wenn es darum geht, dass Männer sich nicht beherrschen können und wir uns deshalb wieder verschleiern müssen, kann ich den Männern nur sagen: Senkt euren Blick!"

Der Mönch erwidert auf diese als Gesprächsbeitrag getarnte Provokation, dass es nur darum gehe, den Gesichtspunkt von Paulus zu verstehen. Das Gute sei seiner Ansicht nach, dass die Christinnen sich nur in der Kirche, vor Gott, aber nicht ständig zu verschleiern hätten. Diese Erklärung passt meiner Freundin aber nicht: Sie versucht nun deutlich zu machen, dass Gott überall sei, in der Kirche, in ihrem Haus, in ihrem und jedermanns Körper. Dass jeder überall auf der Welt beten könne und dazu keinen Schleier brauche, da Gott an anderen Stellen in der Bibel betone, dass vor ihm alle gleich seien.

Dem Mönch fallen keine Argumente mehr ein, und so behauptet er einfach, dass schließlich auch Maria ein Kopftuch (er verwendet das arabische Wort Hidschab) getragen habe, was Roula so nicht gelten lässt. „Wir kennen Maria nur von Bildern, und mitnichten trägt sie auf allen ein Tuch!" Einlenkend fragt der Mönch, ob es nicht sein könnte, dass Frauen sich bedecken müssen, weil wir einfache menschliche Wesen seien und die Männer sich nicht unter Kontrolle hätten und in der Kirche vielleicht lieber nach Mädchen schauten, als in Gedanken ganz bei Gott zu sein? Roula reicht das nicht, und so geht es vor der gesamten anwesenden Gemeinde von vielleicht dreißig Gläubigen weiter: „Könnte es nicht sein, dass das euer männliches Problem ist, das mit Gott nichts zu tun hat? Wir müssen uns erinnern, dass Liebe die erste Botschaft Gottes ist. Liebe bedeutet Respekt. Gott liebt alle Wesen und Geschlechter, und im Himmel werden alle Seelen gleich sein."

Ein anderer, älterer Mönch schaltet sich mit dem unschlagbaren Argument, dass die Frau ja aus des Mannes Rippe gemacht worden sei, in die Diskussion ein. „Ja, aber doch nur, weil Adam der erste Mensch war, der sich einsam nach einer gleichen Seele sehnte!", ruft meine Freundin aufgebracht in die Kirche. „Und warum war Jesus deiner Denkweise nach ein Mann, warum gibt es keine weiblichen Propheten?", will der ältere Mönch nun wissen, doch natürlich weiß Roula zu erwidern: „Was redet ihr? Jesus wurde uns von Maria geschenkt, einer Frau. So wie auch all die anderen schönen Dinge auf der Welt weiblich sind: Blumen oder die Künste!" Sie lässt sich noch weiter aus, bis alle vier anwesenden Mönche in das Gespräch verwickelt sind und die ersten Gläubigen nach knapp drei Stunden des Kauerns auf dem Fußboden beginnen, die Kirche zu verlassen.

Das Schlusswort lässt sich meine Freundin heute nicht nehmen, wobei ich mir nicht ganz sicher bin, ob die Mönche glücklich über die Kommentare meiner revolutionären Begleiterin sind. Da Frauen Haar und Schönheit von Gott gegeben seien, sollten die Männer in sich gehen, ihre Triebe kontrollieren und nun gemeinsam beten, wünscht sich Roula. Sie gibt auch vor, wofür: „Dafür, dass wir unseren Geist öffnen für den wahren Gott der Liebe, der will, dass alle Geschöpfe einander lieben, egal, wie unterschiedlich ein jedes auch sein möge."

Nach drei Tagen in der erfrischenden Ödnis kehren wir in den Moloch Damaskus zurück. Wir treffen Rico in seiner Herberge, wo er es trotz spärlicher Englischkenntnisse geschafft hat, einen syrischen Freund zu finden, einen Angestellten des Hauses. Ali spricht ebenfalls nur ein paar Brocken Englisch, trotzdem – oder deshalb? – verstehen sich die Jungs ausgezeichnet, vor allem, seitdem Rico sich eine eigene Schischa gekauft hat und diese der lokalen Gepflogenheit nach mit einem Schuss Wodka im Wasser verfeinert. Ein wenig verstört hat Arabien ihn aber doch: Die ständigen Gebetsrufe, die sich gegen Ende des Ramadan steigernde Hysterie auf den Straßen, der Stau und die schlechte Luft machen ihm zu schaffen. Auch das aggressive Verhalten der Straßenhändler kann er nicht einordnen. Er fühlt sich ständig bedrängt. Da er in der Heimat beim Arbeitsamt vorstellig werden muss, hat er sich dazu entschlossen, Damaskus in den nächsten Tagen zu verlassen, um dann von einem türkischen Urlaubsort aus preiswert nach Hause zu fliegen. Roula und ich schreiben ihm alles, was er für die 15-stündige Tour nach Antalya wissen muss, auf. Er ist dankbar und begeistert, dass Sharif, Roula, Ali und ich ihm einen neuen Teil der Welt gezeigt haben. „Hey", teilt er mir noch mit, „wenn ich eins gelernt habe, dann das: Die Ausländer, die ich getroffen habe, die sind alle total verschieden. Und nicht schlechter als wir. Die leben nur anders. Aber was die sich dabei denken, bei dem ganzen Dreck und ihren komischen Klamotten, vor allem das Tamtam um die Frauen, das hab ich noch nicht verstanden."

Sharif benachrichtigt mich, dass wir uns in einer Woche in Beirut treffen können, wenn der Ramadan vorbei ist und die familiären Verpflichtungen abgegolten sind. Damaskus erlebt gerade den ersten Abend des drei Tage währenden Festes zum Ende des Ramadan, des 'Aid al Fitr. Sechs- bis zwölfjährige Knaben rennen aufgeregt durch die überfüllten Straßen, traktieren Passanten mit kleinen Steinen, die sie in ihre Ramadan-Abschlussgeschenke, meist Spielzeugwaffen, stecken. Auf allen Straßen, vor jeder Moschee wird gegessen. Vor der Ummayaden-Moschee, der ältesten und prächtigsten Syriens, hat ein Händler für Damenunterwäsche seinen Stand aufgebaut, da Geschenke, ähnlich unserem Weihnachten, am 'Aid Tradition haben. Der religiöse Rausch, den ich nicht mitempfinden kann, treibt mich aus der Stadt. Ich sehne mich nach einem Stück gemäßigtem Europa, das ich am ehesten im Libanon finden werde. Am nächsten Morgen packe ich meine Tasche, nehme mein Fahrrad und verabschiede mich mit dem Versprechen, bald wiederzukommen und dann Mirko mitzubringen, von Roula. Natürlich plauderten wir in der vorhergehenden Nacht noch ausführlich über Männer und stellten fest, dass die serbischen und die arabischen so verschieden doch nicht sind.

Ich besteige eines der knallgelben Chevrolet-Taxen aus den 1970er Jahren, die die zweihundert Kilometer nach Beirut, vor nur drei Monaten noch Kriegsschauplatz, fahren. Mit fünf weiteren Fahrgästen teile ich mir die Kosten: fünf Dollar für drei Stunden Fahrt. Nach der Grenze passieren wir das Libanon-Gebirge. Von diesem Aussichtspunkt reicht der Blick bis nach Beirut, malerisch am Mittelmeer gelegen.

In der libanesischen Hauptstadt wackeln zerlöcherte Bürgerkriegsruinen neben stolzen Glasfassaden; die ganze Stadt hindurch, selbst an der Strandpromenade, der Corniche, ist alles entweder noch zerstört oder schon neu oder noch im Bau.

Ich checke im geschichtsträchtigen Kriegskorrespondentenhotel „Mayflower" ein und fahre sofort nach Dachia, in das schiitische, vom letzten Krieg zerstörte Südbeirut. In den noch nach frischem Krieg stinkenden Trümmern spricht Dana mich an, sie ist neunzehn, Schiitin, und will ihrem Ärger in gutem Englisch Luft machen. Sie studiert Tourismus und glaubt daran, den Libanon wieder zur „Schweiz des Orients" machen zu können. „Wenn nur nicht alle so viel Hass in sich trügen …", seufzt sie. Zu viel Religion bringt zu viel Unglück, findet sie, Bürgerin eines Landes mit knapp zwanzig Konfessionen. Dana, die das Haar offen, Jeans, enges Hemdchen und Jäckchen trägt, hat unter Anfeindungen der Nachbarschaft zu leiden. „Ich habe christliche, sunnitische, drusische Freundinnen, und wir tanzen und trinken gern zusammen. Aber wenn ich abends ausgehe, dann ziehe ich mich erst im Taxi um, damit keiner mich in meiner europäischen Ausgehkleidung sieht und womöglich noch meine Eltern bedroht. Okay, ich passe mich an, aber ich mache mein Ding. Und was mir keiner nehmen kann, ist mein Englisch, meine Ausbildung und meine Schischa. Seit ich dreizehn bin, rauche ich zwei, drei pro Tag. Meine Eltern lieben mich und verbieten mir kaum etwas, meine Mutter trägt kurze Haare und niemals Kopftuch!", lacht sie. „Weißt du, was manche Sunnis über uns sagen? ‚If you look like shit, you're shiite.' Aber du schreibst, dass wenigstens ich hübsch aussehe, ja?", scherzt sie über ihre Religion, die Frauen weite schwarze Kleidung vorschreibt.

Ich betrachte erschüttert die frische Zerstörung im Schiitenviertel, gehe danach durch die angrenzenden palästinensischen Flüchtlingslager Sabra und Schatila. Für die tausenden Geschichten, die sich hinter den im Müll spielenden Kindern verbergen, habe ich gerade keine Kraft. Vorhergehende Reportagebesuche ließen selbst Wochen nach Gesprächen mit den Palästinensern, die niemals ihr Land gesehen haben und es niemals sehen werden, eine tiefe Niedergeschlagenheit in mir entstehen.

Ich treffe Friederike und Uwe Weltzien, mittlerweile Träger des Bundesverdienstkreuzes und Eltern von vier Kindern, in ihrer Gemeinde unweit des Goethe-Instituts im muslimischen West-Beirut. Das Ehepaar teilt sich eine Pfarrerstelle in der Deutschen Evangelischen Gemeinde zu Beirut. Frau Weltzien ist teilweise im Libanon aufgewachsen, und so war es für sie nur logisch, mit ihrem Ehemann in die Heimat ihrer Jugend zurückzukehren. Vor allem, da hier „noch so viel im Bereich Friedensarbeit gemacht werden muss", erklärt mir die Mittvierzigerin, die Sanftmut ausstrahlt. Die Gemeinde, die die beiden leiten, ist offen für alle, modern und protestantisch. Hier treffen sich die im Libanon lebenden Deutschen bereits seit 150 Jahren. Sonntags findet ein „gewöhnlicher deutscher Gottesdienst mit kleinen Überraschungen" statt. Weiter gibt es Kindertanz, dringend benötigte psychosoziale Beratungsstunden, Basteln für den Weihnachtsmarkt mit Lebkuchen und Plätzchen und vieles mehr. Dienstags werden beim Frauentreff deutsches Brot und Berliner verkauft, die aus einer Behindertenbäckerei im Süden des Landes geliefert werden. Nach dem Bürgerkrieg hatten die beiden auch die Begegnungsstätte „Dar Assalam" (Haus des Friedens) initiiert, um den verfeindeten Parteien die Chance zu einem Neuanfang auf neutralem Boden zu geben.

Während des israelisch-libanesischen Krieges im Sommer 2006 richteten die Weltziens eine 24-Stunden-Telefonhotline für vom Krieg betroffenen Menschen ein, die die Mitglieder der Gemeinde ehrenamtlich betreuten. Sie organisierten Ausreisen und regelten Pass-Angelegenheiten für Deutsche, aber auch vom Krieg betroffenen Menschen anderer Staatsangehörigkeiten und Konfessionen wurde im Rahmen der Möglichkeiten geholfen.

Gemeindemitglieder besetzten rund um die Uhr die drei permanent belegten Telefone. Doch auch nach dem Krieg haben die beiden keine Ruhe: Ihre Hilfe wird gebraucht. „Kindesentführungen", seufzt Frau Weltzien, „sind das häufigste Delikt, neben häuslicher Gewalt, und die hat seit dem Krieg stark zugenommen." Sie erläutert, wie der typische Entführungsfall vonstattengeht: „In einer deutsch-libanesischen Ehe kriselt es, also schlägt der Mann einen Urlaub im Libanon zur Rückbesinnung auf die Gemeinsamkeiten vor. Was dann nicht selten passiert, ist, dass er die Kinder in Sicherheit bringt, seine Frau an den Flughafen fährt und ihr ein einfaches Rückflugticket in die Hand drückt. Juristisch gesehen hat der Vater hier das Recht, über die Kinder zu bestimmen. Die Situation ist oft so vertrackt, dass wir nur – aber immerhin – in dreißig Prozent der Fälle erfolgreich helfen können."

Ihr nächstes Ziel ist es, das erste Frauenhaus im Libanon zu bauen. Da ich Kontakt zu den engagierten Frauen der Grünen Fraktion im Schleswig-Holsteinischen Landtag und dem Autonomen Lübecker Frauenhaus habe, die mich darum baten, für sie unterstützenswerte Frauenprojekte im Nahen Osten zu finden, bin ich überglücklich, als Herr Weltzien mir das bereits nach deutschen Anforderungen ausgearbeitete Konzept für das erste Beiruter Frauenhaus in die Hand drückt. Kurze Zeit später schon tritt die norddeutsche Frauenrechtlerin Anke Kock mit den deutschen Pfarrersleuten in Kontakt. In den folgenden Tagen besuche ich einige Freunde, Kulturschaffende, zu denen ich durch die freundliche Unterstützung des Goethe-Instituts in Kontakt treten konnte. Da Kultur im Libanon nicht in großem Maße staatlich gefördert ist, beschließen wir, ein Berlin-Beirut Kulturaustauschprojekt und ein Festival ins Leben zu rufen.

Sharif hat sich angekündigt, Jordanien sei ihm zu anstrengend, die ständigen familiären Verpflichtungen; die vielen armen Irakis, von denen eine Million jetzt versucht, in Amman ein Auskommen zu finden, lassen die Kriminalität in der eigentlich sicheren jordanischen Hauptstadt steigen. Ebenso wie die Grundstückspreise, denn die reichen Irakis kauften sich bereits zu Beginn der US-Invasion Grundstücke und Häuser, nicht selten siedelten ganze Clans von Bagdad nach Amman um. Ähnliches berichtete Roula aus Damaskus. Ob ich mich auf Sharif, meinen konservativen Sunniten, hier im multikonfessionellen, liberalen Libanon freuen soll?

Ich fühle mich im Nachkriegs-Beirut, so absurd das klingen mag, sicher: die überall präsente europäische Kultur, Französisch und Englisch sprechende Menschen auf den Straßen, die sich bei all dem hier durchlebten Leid mit viel Liebe zum Detail ihren täglichen Aufgaben widmen oder es zumindest immer wieder versuchen. Was müssen die alten Inhaber der kleinen Patisserien, an deren Eingängen goldene Schildchen wie „Depuis 1950" befestigt sind, zu erzählen haben? Mir schwindelt der Kopf vor erlebter Geschichte, meiner eigenen, der hier in Beirut, in ganz Arabien ständig zu erlebenden oder erfahrenden, so dass ich mich im „Mayflower" einsiedele und schreibe.

Als Sharif ein paar Tage später mit dem Motorrad – die Einfuhr von Dieselgefährten in den Libanon ist verboten – zu mir kommt, ist er, wie ich, erschöpft. Er musste sich ständig mit den strengen jordanischen Behörden herumärgern. Da er die geforderten tausend Euro „Aufenthaltsgenehmigung" für unseren Bus nicht zahlen wollte, hatte er ihn in eine zollfreie Zone im türkisch-syrischen Grenzland zurückzufahren. Die nächtlichen Völlereien mit „viel zu viel, übertrieben viel Fleisch, ständig gab es ganze Schafe" im Festhaus der Familie setzten ihm ebenso zu wie diverse Eheanbahnungszeremonien, die er zu absolvieren hatte. Wobei ich natürlich stets hoffte, dass ihm keine passende Herzensdame mit ansprechenden Handgelenken präsentiert wurde.

Zwar habe ich ihn die letzten Tage kaum vermisst, vielmehr meine Freiheit genossen, doch freue ich mich, dass er jetzt wieder an meiner Seite ist. Nicht, dass es auf den Straßen von Beirut für mich blonde Frau mit dem erstrebenswerten Pass keine anderen Angebote gäbe – ich will keinen anderen Araber an meiner Seite. Dieses Experiment ist einmalig, ist von meiner Seite aus als einmalig angelegt. Allein die Vorstellung, jemanden Neues mit ähnlichen, aber dann doch wieder ganz anderen patriarchalischen Macken und streitbaren Liebeswürdigkeiten „auswendig" lernen zu müssen, bevor ein Arbeiten und wie auch immer geartetes Miteinanderleben in seiner Welt möglich wäre, raubt mir meine wenige noch verbliebene Kraft.

Sharif ist so geschwächt, dass er für ein paar Tage im Bett bleiben will. Ich schaffe zwar die journalistischen Aufgaben meines Tages, doch sinke auch ich, kaum senkt sich die Sonne, ermattet an seine Seite. Wir gehen sorgsam miteinander um und sprechen kaum. Wie erholsam Schweigen zu zweit sein kann. Unsere vegetarischen Mahlzeiten bestellen wir, er ist wieder ganz der westliche Gentleman und lädt mich stets ein. Es gibt keinen Grund mehr, zu diskutieren und zu streiten. Wir haben zwar ähnliche Interessen, sind aber grundverschieden, unsere Kulturen sind unvereinbar. Bald werden wir wieder gemeinsam durch Beirut streifen und als Journalistenteam arbeiten, das sich so gut versteht, dass es keiner beruflichen Diskussion bedarf. Um dann wieder im Privaten bis aufs Blut, bis zu meinen Tränen, zu streiten. Und doch sind wir glücklich, uns zu haben. Stolz auf unser gelebtes Experiment, gönnen wir uns ein langes Wochenende im Fünfsternehotel, das wir uns leisten können, da nach dem letzten Krieg die Übernachtungspreise an der Levanthe um mehr als die Hälfte fielen. „Falls wir noch einmal im Ramadan verreisen, mache ich das anders", teilt er mir einsichtig und zärtlich mit. „Der Prophet hat wie immer Recht gehabt, als er die Reisenden anwies, nicht zu fasten. Ich hätte …" – „Ich hätte", führe ich den Satz fort, „wie immer nur das machen sollen, was Muhammad sagte. Warum brauchst du mich Ungläubige, dir das zu sagen? … Und überhaupt, hast du vergessen, dass euer Prophet erklärte, dass derjenige der beste Muslim ist, der seine Frau am besten behandelt?" „Ich brauche überhaupt niemanden, der mir etwas sagt. Aber so, wie du mich im Ramadan ausgehalten hast, hättest du glatt das Zeug zur Erstfrau, wenn du endlich deine Augen öffnen und dich auf die wahre Religion besinnen würdest." Er knufft mich in die Seite. „Du ungläubige Räuberbraut."

Dank

Ich danke meiner Familie – für die bedingungslose Unterstützung meiner Projekte und Reisen, besonders Papa für die unermüdlichen Einsätze als Miss Moneypenny und die Zeichnung der Reisekarte sowie meiner lieben Großmutter für ihr Verständnis, meinem Fahd Hariri für fast alles, meinem mitfiebernden Backoffice in Berlin, meinen Entdeckern und Förderern Stefan Sauerbrey und Jan Linkersdorff, Herbert Schmitz, Bernd Heusinger, AC und Jacob Bilabel, meinen Spezis Jan Feddersen, Reinhard Krause und Judith Luig von der taz, meinen Lektoren Martin Breitfeld und Christina Kotte, meinen Unterstützern Thomas Hartmann, Wolf Fromm, Roula N. und Mirko Dragicovic, meinen Freunden Frank Künster, Kristian Metzger, Susanne Schmidt, Jennifer Schulz, Hendrik D. Schwarz, Jörg Henning, Nora Haakh, Sascha Teubner, Ain El Hayat Zaher und Alexander Kalbarczyk.